Christina Löw

Nach Hause telefonieren

spirit RAINBOW Verlag

Christina Löw

Nach Hause telefonieren

Ein Anleitungs- und Arbeitsbuch zum Channeln,
um dich mit deinem Höheren Selbst und
mit allem Drumherum zu verbinden

spirit RAINBOW Verlag

Impressum

1. Auflage 2021

www.spirit-rainbow-verlag.de

Printed in Germany

Gestaltung, Druck und Vertrieb:
Druck- & Verlagshaus Mainz
Süsterfeldstraße 83
52072 Aachen

www.verlag-mainz.de

Umschlagsgestaltung: Dietrich Betcher

Abbildungsnachweis (Umschlag):
https://unsplash.com/photos/aPdUKy65qWE

ISBN-10: 3-948108-55-2
ISBN-13: 978-3-948108-55-7

Gehe den Weg deines Herzens

Wenn du deinem Weg folgst, wirst du unterstützt vom Leben selbst, denn das Leben strebt nach Entfaltung und Entwicklung. Also geh, geliebtes Kind, geh, damit du alles kennenlernst und alle geleiten kannst.

Alle von mir persönlich gechannelten Botschaften findest du in diesem Buch in kursiver Schrift vor.
Oft werden Inhalte in den Channelings wiederholt. Die geistige Welt sagt, dass sich die Inhalte durch die vielen Wiederholungen besser bei uns einprägen. Bitte lies die Channelings mit dem Herzen und fühle die Energien, die mit den Worten zu dir fließen. Manche Channelings erschließen sich erst nach mehrmaligem Lesen, manchmal auch erst zu einem späteren Zeitpunkt.

Im Handbuch findest du viele Channelings, die von meinem Hohen Selbst kommen. Der Vorteil sich mit dem eigenen Hohen Selbst zu verbinden liegt darin, keine fremden Energien oder Wesenheiten zu befragen, sondern sich mit der eigenen Göttlichkeit zu verbinden.

Inhalt

III

Beispielchannelings

Das spirituelle Herz

Ich bin die Liebe, die verdeckt und überladen wurde von all euren Erfahrungen durch viele Zeiten hindurch. Es liegen so viele Verletzungen und verschiedene Schichten auf mir, dass es euch schwerfällt, euch in mich hineinfallen zu lassen.

Es ist die Angst, die euch davon abhält, euch ganz hinzugeben an euch selbst und schlussendlich auch an mich, euer Herz.

Denn alles Fühlen wurde euch abgewöhnt und abtrainiert.

Der Weg zurück zu mir geht über das Fühlen und Wahrnehmen, worauf ihr euch wieder einlassen dürft. Der Weg zurück zu mir führt zurück nach Hause, zum Kern, zur Mitte in euch, in euer Herz.

Erkennt, dass eure Heimat die Liebe ist, die sich in alle Formen ergossen hat.

Du bist Liebe.
Du bist Gott.
Du bist Alles, was ist!

Du bist dein Höheres Selbst, mit dem du dich wieder verbinden kannst.

Du kannst dich erinnern! Jetzt!

(Channeling: Juni 2020 Hohes Selbst)

Vorwort

Meine Intention, dieses Anleitungsbuch zum Channeln – oder anders ausgedrückt: zum Kommunizieren mit allem, was ist, zu schreiben – entstand aus dem Wunsch, die Menschen daran zu erinnern, dass Verbundenheit ein natürlicher Zustand ist. Manche Menschen sind sensitiv und können dies leicht wieder erlernen, während andere es schwieriger haben, weil sie ihre Wahrnehmungsinstrumente noch kaum kennen und diese erst wieder benutzen lernen dürfen.

Die Verbundenheit mit allen sichtbaren und unsichtbaren Wesenheiten wurde uns allen mit in die Wiege gelegt. Leider haben wir es später wieder vergessen. Jetzt kann die Fähigkeit, sich mit allem zu verbinden, wieder neu entdeckt werden. Gerade in den unruhigen Zeiten, die wir jetzt immer intensiver spüren, ist es wichtig, an das Hohe Selbst oder Gott (Quelle allen Seins) angebunden zu sein, um den Impulsen zu folgen, die wir durch das Hohe Selbst empfangen. Dadurch können wir der göttlichen Führung vertrauen und uns führen lassen.

Die Erhöhung der Energien auf unserem Planeten fordert uns geradezu heraus, sich dieser Verbindung zwischen Himmel und Erde zu bedienen. Dadurch wird es immer leichter sein, sich alle Informationen von seinem eigenen Hohen Selbst abzuholen.

Dieses Buch ist allen gewidmet, denen es ein Bedürfnis ist, sich demnächst ohne Hilfsmittel mit anderen Wesenheiten (Engeln, aufgestiegenen Meistern, Verstorbenen, Tieren, Pflanzen, Mineralien, Orten usw.) auszutauschen und Informationen aus dem großen Wissensfeld abzurufen.

Das Buch dient besonders all jenen, die sich wieder mit ihrem eigenen Herzen, der eigenen Göttlichkeit, dem eigenen wahren Hohen Selbst verbinden wollen.

Es eignet sich sowohl für Anfänger als auch für Fortgeschrittene, für alle, die sich auf das Kommunizieren ohne physische Hilfsmittel einlassen wollen. Dem Anfänger empfehle ich, alle Kapitel gründlich durchzuarbeiten. Fortgeschrittene, die sich bereits vieles erarbeitet haben und hochschwingen, können einige Kapitel abkürzen.

Der zweite Teil des Buches dient hauptsächlich der eigenen Schwingungserhöhung, welche die Basis dafür ist, mit dem »Hohen Selbst« aller Pflanzen, Tiere, Mineralien, Menschen sowie Engeln leichter in Kontakt treten zu können. Anfänglich kann es nur kurz möglich sein, sich in einen höheren Zustand zu heben. Je öfter du übst und dich in höheren Ebenen aufhältst, desto länger kannst du in diesem Zustand zu verbleiben. Fortgeschrittene benötigen wahrscheinlich nur die Techniken des dritten Kapitels »Zusammenfassung Channeln«, um sich spontan mit höheren Ebenen zu verbinden.

Viel Freude beim Erforschen und Ausprobieren, bei allem, was möglich ist!

Meine spirituelle Entwicklungsgeschichte:

Nach meiner Heiler-Ausbildung 2007 sah ich plötzlich Erzengel Michael, so wie ich ihn mir immer vorgestellt hatte. Er war größtenteils von einer irisierend blauen Farbe durchdrungen und sah mich an.

Terry Bartsch, der unsere Heiler-Ausbildung konzipiert hatte, war aus Australien angereist und hielt für uns nach bestandener Prüfung einen Meditationsabend.

Als ich ihm meine Wahrnehmungen mitteilen durfte, sah ich immer noch fasziniert Erzengel Michael an. Ich erzählte dies Terry und er meinte, dass Erzengel Michael doch immerwährend all meiner Heilungsübertragungen bei mir anwesend gewesen sei.

»Hast du das nicht gewusst?«

»Nein«, sagte ich.

Terry fragte: »Hast du denn nicht bei den Heilungen sein blaues Licht gesehen?«

Ich antwortete: »Doch, natürlich, das blaue Licht, ähnlich wie im Operationssaal, war immer anwesend, wenn ich meine Augen schloss und mit einer Heilung begann.«

»Ja, das ist immer Erzengel Michael gewesen,« sagte er.

Jetzt wusste ich es!

Nach dieser Vision hatte ich den Wunsch, mit Erzengel Michael selbst kommunizieren zu können und war fasziniert von Menschen, die channeln konnten. So meldete ich mich spontan für eine Channeling-Ausbildung an. Das war 2008. Die Ausbilderin erklärte uns die Technik und kurz darauf sollten wir gegenseitig üben zu channeln.

Ich bekam den Auftrag, das Dritte Auge bei einem jungen Mann zu channeln. Ich legte meine Finger auf sein Drittes Auge und unter meinen Fingern vibrierte es, so, als ob ich Morsezeichen erhalten würde. Ich empfing Botschaften und die Worte flossen nur so aus mir heraus. Ich wusste gar nicht, wie mir geschah. Mit der anderen Hand entfernte ich bei ihm intuitiv ein energetisches Implantat aus seinem Kopf.

Meine Ausbilderin sagte mir, dass ich in früheren Leben bereits Heilerin gewesen sei und gechannelt habe. Durch meine Worte würden sehr starke Energien fließen, sodass ich auch in der Lage sei, vor größeren Gruppen zu channeln. Sie half mir, diese Fähigkeit wieder mit meinem Herzen zu verbinden. Ich hatte zunächst Angst, anderen Menschen mit möglicherweise falsch verstandenen, oder falsch übersetzten Channelings Schaden zuzufügen.

Ich habe noch circa ein Jahr gebraucht, bis ich mir sicher war, dass ich channeln kann. Ich habe fast täglich der geistigen Welt eine neue Frage gestellt und mir dazu Informationen abgeholt.

Irgendwann kam die Antwort:

»Liebes, du willst doch nur wissen, ob du channeln kannst!« Ich fühlte mich erwischt und fing langsam an zu glauben, dass ich es jetzt wirklich konnte.

Ich begann, für andere zu channeln, und traute mich sogar auf einer öffentlichen Messe, ein Channeling von Jesus

Christus zu geben. Ich wurde bei diesem ersten öffentlichen Channeling so sehr geführt, dass ich ab jetzt der geistigen Welt voll und ganz vertrauen konnte. Die geistige Welt half mir auch, meine große Angst, vor anderen Menschen zu sprechen, zu überwinden.

Später kamen immer wieder Menschen auf mich zu, die von mir das Channeln lernen wollten. Ich habe dies lange abgelehnt, weil ich meinte, es nicht zu können. Wie sollte ich jemandem das Channeln beibringen?

Doch die Anfragen häuften sich und ich bat die geistige Welt um Antwort, was zu tun sei. Sie erwiderten, dass ich nichts zu wissen brauche; sie würden mir schon alles zeigen, wie ich es den Menschen vermitteln könne. Ich wurde nicht enttäuscht; mir wurden alle Schritte gezeigt. Vor zehn Jahren begann ich mit den ersten Ausbildungen und mit der Zeit entstand dieses Konzept.

Wenn wir lernen, ohne Worte zu kommunizieren und die Gedanken der anderen sichtbar werden, wird es unmöglich sein, eine Maske zu tragen und sich zu verstellen. Fangen wir jetzt damit an, denn die Wahrheit bringt Klarheit. So können wir immer mehr darauf achten, authentisch und echt zu sein, die beste Grundlage zum Channeln!

Was ist channeln?

»Channel« heißt wörtlich übersetzt: »Kanal«.

Ein Kanal führt z. B. Wasser in eine bestimmte Richtung, sodass es geführt und gelenkt wird.

So ist das Channeln so etwas wie ein Kanalisieren der Energien und Umwandeln in Wortinhalte, Klänge oder Bilder.

Es sind Kräfte, Gedankenströme und Gefühle, die in Worte gefasst werden wollen.

Da Gefühlsinhalte formlos sind, werden sie nun in eine euch verständlichere Form gebracht.

Einen Channel, einen Kanal herzustellen, heißt also, eine Verbindung herzustellen.

Grundsätzlich ist dies mit allen Dingen und Themen möglich, denn alles ist beseelt, bzw. alles ist Gott. Nichts existiert ohne Gott

(Channeling Hohes Selbst)

Widmung

Erreichen will ich jeden, der bereit ist, sich mit offenem Herzen urteilsfrei mit allem, was ist, zu verbinden. Jeden, der bereit ist, einen Beitrag zu leisten für eine friedlichere, glücklichere Welt. Jeder Einzelne ist wichtig, weil die Heilung und der Friede in jedem Einzelnen auch den Frieden in der Welt stärkt und zum Verständnis miteinander führt.

Eine besondere Widmung gilt meinen beiden wunderbaren Söhnen, die mich vieles gelehrt und mir gezeigt haben, wie man sich auf ein großes Ziel fokussieren und es auch erreichen kann. Ich bin stolz darauf, ihre Mutter sein zu dürfen.

Ich widme ihnen dieses Werk, ihren Familien, meinen Enkeln und Urenkeln und all denen, die nach mir kommen werden. Ich danke allen, die vor mir da waren und mir geholfen haben, mir meinen Weg zu bereiten.

Ich danke allen, die ein Stück meines Weges mit mir gegangen sind; den vielen Ratsuchenden und Freunden, die mir geholfen haben, mich mehr und mehr zu erkennen. Vielen Dank an Mo, die mit viel Geduld mein Skript korrigiert hat.

Ihr alle habt mir einen Teil von mir gezeigt. Wenn ich euch etwas erzählt oder erklärt habe, dann wisset, ich habe es immer wieder auch mir selbst gesagt.

Alles, was wir im Außen sehen, ist in uns und alles, was in uns ist, wirkt sich auf das Außen aus. Wir alle sind mit allem verbunden und können jetzt diese Verbindung, diesen Kanal (Channel) wieder benutzen.

Was ist das Hohe Selbst?

Ich bin das, mit dem du immer verbunden bist. Ich bin das, was immer war und immer sein wird. Ich bin das höhere Bewusstsein, das dir lange nicht zugänglich war. Folglich war ich für dich nicht da! Doch jetzt, wo die Göttlichkeit in dir erwacht – denn das bin ja ich – bekommst du eine Ahnung davon, dass es mich geben könnte.

Ich existiere in dir seit Anbeginn aller Zeiten, doch deine Augen konnten mich nicht sehen. Du sagst, du könntest mich nicht hören. Würdest du ein gutes Hörgerät nehmen, könntest du meine leise Stimme hören. Gäbe es ein Messgerät, um Energien zu messen, könntest du mich wahrnehmen. Die Gerätschaften sind nur Instrumente, um etwas sichtbar zu machen. Es hat also mit deinen noch nicht so hochentwickelten Sinnen zu tun, wenn du mich noch nicht wahrnehmen kannst.

Je weiter du dich entwickelst, desto sensibler wirst du.

Dies geschieht folgendermaßen: Du beginnst, mehr auf dich und deine Körpersensationen zu achten. Du beginnst, in dich hineinzuhören und in dich hineinzufühlen. Verstehst du? So gelangst du mehr und mehr zu mir und erkennst dich somit selbst. Denn in Wirklichkeit bist du es ja, der dich selbst so lange schon verloren hat, der vergessen hat, welchen Ursprungs du bist. Ich, oder auch du, der Teil, der ewig ist, weiß alles, kann alles und ist auch mit allem verbunden. Somit bin ich Gott in dir. Du kannst dir auch vorstellen, dass du das ganze Universum bist und alles in dir ist.

Wie im Großen, so im Kleinen. Das gilt immer. So ist auch jeder Mensch in dir, jede Emotion, jeder Gedanke. Du kannst alles heilen und erschaffen, so wie deine Göttlichkeit es möchte, wenn du dich mit dir selbst wieder verbindest. Wisse, ich habe schon lange Sehnsucht nach dir! Ich sehne mich nach dir, mit dir diese deine Welt zu gestalten! Komm nach Hause, ich bin hier, ganz tief drinnen in dir.

Ich bin das Ich-Bin, deine Seele, dein Überbewusstsein, dein Höheres Selbst. Ich bin Gott in dir, die Quelle, die mit allem verbunden ist.

HALLO! Du weiß jetzt, dass ich da bin und immer da war. Jetzt ist die Zeit, dass du mich in dir findest und wir Freunde, ja noch viel mehr, mehr und mehr Eins werden.

(Channeling mit meinem Hohen Selbst)

Warum macht es Sinn, sich mit dem Hohen Selbst zu verbinden?

Welchen Nutzen hast du davon, dich mit mir, dem Hohen Selbst zu verbinden? Warum sollst du dir diese Mühe machen, etwas zu finden, das du bis jetzt noch gar nicht gebraucht hast? Ab und zu habe ich mich gemeldet und manchmal hast du auf mich gehört. So manches Mal habe ich dir auch geholfen, auch wenn du es jetzt nicht weißt. Wie ich bereits sagte, ich bin immer bei – oder besser: in dir.

Ich bin Gott. Ich bin der Teil in den höheren Sphären, den du anbetest, wenn du Gott um Hilfe rufst. Du bist auch dieser Gott und du bist auch jeder Engel, den du rufst. Es ist der Gottesaspekt von dir, der aus den höheren Sphären zu dir herabsteigen möchte.

Wie findest du es, dass du selbst die Antwort auf alle Fragen bist?

Wie findest du es, dass du dein Leben selber lenkst? Dies macht kein fernes Schicksal. Wie wäre es, wenn du endlich mal damit anfangen würdest, dies zu akzeptieren? Dann könntest du beginnen, auf dich selbst und deine innere Stimme zu hören, auf den Teil, der immer nur das Beste für dich will. Das Beste für dich ist das, was dir hilft, dich mehr und mehr zu mir zu führen. Erkenne: ich bin die Liebe, ich bin die Wahrheit und das Leben. Das ist alles, was für dich bestimmt ist.

Ich kenne deinen Seelenplan, ich weiß, was du dir vorgenommen hast zu erleben und zu lernen auf dieser wundervollen Erde. Magst du es erforschen, magst du es ganz annehmen, dein selbst gewähltes Leben, um all die Früchte zu ernten, die du dir vorgenommen hast zu kosten? Ich verspreche dir, dass ich dich führe – zu mir!

Ich verspreche dir, dass du weniger Umwege zu machen brauchst als bisher. Schließlich weiß ich ja alles. Ich bin ja mit allem eins. Ich verspreche dir, ein guter Freund zu sein, einer, der immer für dich da ist. Einer, der von der Warte der Liebe auf dich schaut. Einer, der den größten Überblick hat. Einer, der dir die höheren Perspektiven zeigt.

Ich erinnere dich, wenn du von deinem Weg abkommst. Lerne, auf mich zu hören, ich bin ein weiser Ratgeber. Ich kann viel schneller Tausende von Eindrücken auswerten, als du das jemals mit deinem Verstand könntest. Ich kann dir viele Mühen ersparen, jedoch nur, wenn du auf mich hörst. Ich weiß es jetzt schon: Ich werde dir so manches immer und immer wieder sagen müssen, bis du es endlich beherzigst und verstehst, dass ich es gut mit dir meine. Ich habe Geduld, denn ich weiß, am Ende findest du sowieso zu mir.

Ich sage dir auch nicht, du müsstest dich beeilen. Nein, nimm dir Zeit, mich und somit dich kennenzulernen. Ich will es dir nur leichter machen.

Ich will dir helfen, mehr Ruhe, mehr Frieden, mehr Leichtigkeit und mehr Freude in dein Leben zu bringen. In den lichten Welten ist alles leicht.

Sei mit deinem Blick immer mal wieder »über« den Dingen und lausche nach innen in mich hinein. Ich weise dir den Weg. So ist es!

(Channeling mit meinem Hohen Selbst)

I

Channeln lernen

Lektion 1

Erdung

Dies ist ein sehr wichtiges Kapitel, weil eine gute Erdung die Basis für ein gutes Channeling bildet. Erdung bleibt während der gesamten Lektüre dieses Buches das Basisthema, von dem ich immer wieder ausgehe, um dich in eine höhere Schwingung zu bringen. Eine gute Erdung gibt dir Sicherheit, den Impulsen, die in dir auftauchen, zu vertrauen und sie nicht zu zerdenken.

Erdung gibt dir Halt, auf der Erde und im Körper zu bleiben, während du dich gleichzeitig auf höheren Ebenen bewegst.

Ich habe dieses Kapitel in mehrere Abschnitte aufgeteilt, die dir alle als Übungsbausteine dienen können.

In der Elemente-Lehre gibt es vier oder auch fünf Elemente. Eins davon ist das Erdelement. Es ist in der Chakren-Lehre dem Wurzelchakra zugeordnet.

Das Erdelement ist zuständig für Gesundheit und Realitätssinn, es fördert die Auseinandersetzung mit der äußeren Welt, in der wir leben.

Es ist in Harmonie, wenn wir aktiv unsere Welt gestalten. Es steht für Heimat, Verwurzelung, äußeren Reichtum, ein gutes Körpergefühl, physische Kraft, Genuss, Ruhe, Durchhaltevermögen, praktische Intelligenz, Liebe zum organischen Wachstum …

Das Erdelement im Ungleichgewicht zeigt sich durch Schwere, Starre, Festhalten an alten Strukturen, Blockaden, schlechte Haltung, Faulheit, Phlegma, mangelnden Realitätssinn, fehlende Struktur, wenig Körpergefühl, zu wenig Wurzeln, zu wenig Zentriertheit, mangelnde Ausdauer, fehlendes Selbstvertrauen und mangelnde Durchsetzungskraft, unerklärliche Gefühle der Unsicherheit und Ängstlichkeit, ständiges Sich-Sorgen, Existenz- und Überlebensängste, schwache Konstitution, Beschwerden in den Beinen, Wirbelsäulenprobleme.

Wenn du dich hier in manchen Punkten wiederfindest, ist für dich die Erdung besonders wichtig.

Mit folgender Meditation kannst du feststellen, wie dein Erdelement beschaffen ist.

Schneide dir ein Rechteck aus braunem Papier aus. Mit diesem Symbol kannst du dich ins Erdelement einschwingen. Schaue einige Minuten auf das braune Rechteck, versuche nicht zu blinzeln. Der Blick schaut defokussiert (nicht zentriert) auf das Rechteck. Nach einer Weile verschwimmen die Ränder. Gehe jetzt in deiner Vorstellung durch ein Tor, das dich in dein persönliches Erdelement führt.

Du kannst dich jetzt dort umschauen: Wie sieht deine Landschaft aus? Ist sie grün und üppig? Gibt es trockene Stellen, siehst du sumpfige Orte? Dies alles kannst du deuten. Je schöner und ausgeglichener die Landschaft ist, umso besser. Zu viel Hitze und Trockenheit würde auf ein Übermaß an Temperament und Aktivität hinweisen. Zu viel Wasser, Fluss, See oder Sumpf könnte bedeuten, dass du besonders viele tiefe, schwere Gefühle hast. Schau selbst, was dir dazu einfällt.

Was ist Erdung, Grounding oder Earthing?

Erdung heißt, ganz auf der Erde zu sein, sich mit seinem Körper ganz auf die Erfahrungen der Welt einzulassen. Der Körper ist aus Erde entstanden und er wird wieder zu Erde werden. Ihn lässt du hier zurück, wenn du stirbst.

Dein wirkliches SELBST ist aber nicht dieser Körper.

Dein wirkliches Selbst ist ein geistiges Wesen. Du bist dieses Selbst.

Du kommst aus den Weiten des Universums und bist unendlich.

Deine Energie oder deine Seele sind unsterblich. Deine Energie hat sich aus dem All-Bewusstsein abgespalten, um sich selbst zu erfahren. Da du aus diesem All-Bewusstsein entstanden bist, bist du auch stets mit ihm verbunden. Das All-Bewusstsein wird auch Großer Geist, Gott, das Universum, die Quelle genannt.

Du hast hier auf der Erde einen Körper bekommen, um irdische Erfahrungen mit der Materie machen zu können. Du hast ihn bekommen, um Situationen, die du in anderen Leben nicht lösen oder erlösen konntest, jetzt zu bewältigen.

Um auf dieser Welt diese Erfahrungen machen zu können, ist es von großer Wichtigkeit, deine Seele in deinem irdischen materiellen Körper fest zu verankern. Bei vielen Menschen, gerade denjenigen, die sich viel mit Spiritualität beschäftigen, ist diese Verankerung oft nicht vorhanden. Der Geist fliegt in Fantasien zu den Engeln auf und die irdischen Dinge werden nicht bewältigt oder angegangen.

Du darfst deinen Körper, solange du hier auf der Erde lebst, ganz und vollkommen bewohnen und erkunden. Traue dich also, ganz in deinem Körper präsent zu sein, ihn in all seiner Vielfalt zu leben und erleben. Deine Seele will Freude haben, darin zu wohnen! Darum empfehle ich dir, gut für ihn zu sorgen.

Er ist dein Haus, deine Wohnung, dein Tempel.

Wenn es in diesem Kapitel heißt, du sollst dich erden, dann bedeutet dies, dass du dich hier, auf der Erde wohnend, ganz in deinem Körper einrichten darfst. Da du aus vielen Leben und Erfahrungen weißt, dass du bei Gefahr aus dem Körper austreten kannst, neigst du in Situationen, die dir Angst bereiten, dazu, nicht mehr ganz in deinem Körper sein zu wollen. Oft sind deine Energien dann lange nur in den oberen Chakren zu finden, um bei Bedarf schneller aus dem Körper austreten zu können. Dies basiert ausschließlich auf Gedanken der Angst, dass das Leben hier ein gefährlicher Ort sei.

Bei langanhaltenden angstauslösenden Situationen kann es daher sein, dass du lange Zeit nur deine höheren Chakras bewohnst.

Um eine sichere Lebens-Basis zu schaffen, ist es wichtig, dich mit deinen angstauslösenden Situationen zu konfrontieren, sie zu lösen und für dich eine Plattform des Vertrauens zu erschaffen.

(Channeling mit dem Hohen Selbst)

Gut im Leben und in deinem Körper verankert zu sein ist die Basis, um urteilsfrei Informationen aus höheren Ebenen abholen zu können. Urteilsfrei bedeutet, dass du nichts bewertest oder analysierst und die Eingebungen so weitergibst, wie sie in dich einfließen. Durch eine gute Erdung kannst du deinen Fähigkeiten vertrauen und die gechannelten Informationen auf die Erde bringen. Wenn du Angst bekommst, fehlt dir Erdung. Dann ist es nötig, der Angst liebevoll zu begegnen, sie da sein zu lassen, zu halten, solange wie sie braucht, um sich zu beruhigen. Es ist nicht immer ganz leicht, alles anzunehmen, was wir fühlen und sehen.

Manche Menschen kommen zu mir und wollen channeln lernen. Sie wollen gerne mit den Engeln und der geistigen Welt Kontakt aufnehmen. Sie stellen sich vor, dass sie dadurch sofort ihren Alltag zum Guten verändern können.

Der Alltag, den du vielleicht schon zwanzig oder dreißig Jahre in festgefahreren Bahnen lebst, wo du z. B. gemobbt wirst, in denen deine Ehe schon lange kriselt, wo Geldsorgen existieren, wo du vor etwas wegläufst, was du nicht sehen willst, weil es so schmerzhaft ist, lässt sich nicht so einfach durch Kontaktaufnahme mit der geistigen Welt verändern.

Um die Informationen der geistigen Welt wirklich aufzunehmen und umzusetzen, brauchst du eine sichere Plattform. Entwickle mit der Erdung den Mut, dir deine Basis anzuschauen und bringe sie in Ordnung: Die Lebensbereiche, in denen du dich nicht ganz wohl fühlst, werden dich immer wieder in eine niedrigere Schwingung zurückwerfen. Sie wollen geklärt, geheilt und geordnet werden. Es ist ein

Widerspruch, sich auf hohen Ebenen bewegen zu wollen und im Alltag ein Leben zu führen, was einen immer wieder herunterzieht.

Schau in deinem Alltag hin, was dich stört, und verändere es!

Hier ist der Moment, in dem ich dich bitte, nicht aufzugeben, nicht wegzulaufen und nicht aufzuhören, dich zu erden. Schau hin! Fühl hin! Jetzt kann es sein, dass du bei großen und folgenschweren Entscheidungen Hilfe und Unterstützung benötigst.

Wir neigen dazu, in Illusionen abzurutschen, wenn es besonders schwierig und schmerzhaft für uns ist. Wir reden dann etwas schön.

Z. B: »Meine Ehe ist doch nicht ganz so schlecht, wie ich immer denke.« »Ich halte durch am Arbeitsplatz, obwohl ich mich dort nicht wohl fühle.« Usw.

Unsere Seelen haben sich entschieden, genau in dieses Leben zu inkarnieren und die damit verbundenen Lebensaufgaben zu lösen. Das wollen viele Menschen noch nicht sehen und wahrhaben.

Das Leben auf der Erde fordert aber irdisches Handeln – und zwar von jedem selbst.

Manche Menschen wünschen sich ein glücklicheres Leben. Sie harren lange in ihren schwierigen Situationen aus. Oft ist in ihnen ein Glaube vorhanden, dass Gott ihnen das Schwierige abnehmen soll. Wir können ihn bitten, uns Hilfe und Impulse zur Lösung und Heilung unserer Schwierigkeiten zu schicken. Er hilft uns gerne, unsere Probleme zu bewältigen. Das aktive, irdische Handeln kann er uns jedoch nicht abnehmen.

Veränderungen bereiten uns Angst.

Wir meinen, das Alte sei sicherer als das Neue. Wir neigen dazu, die Augen vor dem Unbequemen, Unangenehmen zu verschließen und aus Angst vor Veränderung alles beim Alten lassen zu wollen. Dieses Festhalten erfordert unendlich viel Kraft von uns und raubt viel von unserer Lebenszeit! Die Lebensenergie wird unterdrückt. Sie will aber fließen, sie will entdecken, sie will wachsen und sich weiterentwickeln.

Auf lange Sicht macht uns das Verdrängen und Wegdrücken krank. Trau dich, die Realität anzuschauen! Trau dich dann, den nächsten Schritt zu gehen und anzufangen, etwas zu verändern.

Veränderungen entstehen dadurch, dass du erkennst, dass du selbst das Ruder deines Bootes in der Hand hast und es lenken kannst. Gib das Ruder nicht ab und lass es dir auch nicht wegnehmen! Kein anderer außer dir trägt für dein Leben die Verantwortung. Du trägst sie selbst, und zwar zu hundert Prozent!

Wenn du das erkennst und die Verantwortung komplett selbst übernimmst und dann die nötigen Schritte gehst, wirst du dein Leben verändern.

Wenn wir ganz bewusst im Hier und Jetzt sind und uns auf unser Leben und unsere Realität einlassen, beginnen wir, uns zu erden. Erden heißt: bewusst in der physischen Welt zu sein, zu handeln, bewusst wahrzunehmen und zu fühlen und zwar in jedem Moment.

Übungseinheiten Erden

Die erste und wichtigste Aufgabe während des gesamten Lernprozesses lautet:

Sei so präsent, wie es dir möglich ist.

Was genau spürst du jetzt in diesem Moment?

Was machst du gerade?

Was denkst du gerade?

Spüre den Moment, rieche ihn, sieh ihn, erlebe ihn, sei präsent in der Situation.

JETZT.

Richte deine Aufmerksamkeit immer auf das, was du gerade tust.

JETZT.

Wenn du arbeitetest, dann sei mit deiner ganzen Aufmerksamkeit bei deiner Arbeit und auch bei dir und fühle, was du fühlst.

Deine Kinder, deine Einkäufe, deinen Partner darfst du jetzt einfach loslassen.

JETZT.

Wenn du bei deinem Partner bist, dann sei mit deiner Aufmerksamkeit bei deinem Partner und fühle dich und dich mit ihm.

JETZT.

Beobachte dich genau.

JETZT.

Deine Gefühle zeigen dir, wenn etwas nicht in Ordnung ist. Sie sind ein gutes Instrument. Manchmal sind uns Gefühle in ganz schwierigen Situationen verschlossen. Wir spüren nichts. Das sind wichtige Bereiche, denen du dich widmen solltest, denn dort ist etwas so schmerzhaft, dass du es nicht einmal mehr fühlen kannst.

Die folgende Erdungsmeditation ist eine wunderbare Möglichkeit, den Geist zu fokussieren und dich in einen ruhigen und entspannten Zustand zu bringen. Je öfter du übst, desto besser wirst du dich erden können. Du bekommst mehr Halt und Urvertrauen.

Eine gute Erdung ist unerlässlich, um einen stabilen Kanal fürs Channeln aufzubauen. Je tiefer und besser du geerdet bist, desto höher kannst du dich sicher hinaufschwingen und Informationen aus höheren Sphären auf die Erde holen.

Die folgende Meditation benötigst du anfangs immer wieder zum Aufbauen deines Kanals.

Übe regelmäßig. Vorzugsweise täglich zur gleichen Uhrzeit. Reserviere dir dafür täglich circa zehn Minuten, in denen du ungestört bist.

Anleitung zur Basis Erdungsmeditation:

Setze dich mit geradem Rücken aufrecht auf einen Stuhl.

Beginne »senkrecht« zu atmen: Hole dazu den Atem mit deiner Vorstellung von oben durch deinen Kopf in den Körper. Mit dem Ausatmen lässt du ihn durch deinen Körper und deine Füße in den Boden abfließen. Stelle dir dabei vor, dass du alles, was nicht zu dir gehört und dich belastet, ausatmest. Du atmest es einfach durch deine Füße in den Boden. Mutter Erde nimmt alles Negative auf und verwandelt es.

Beobachte mit deinem inneren Auge, wie beim Ausatmen Wurzeln von deinen Füßen in den Boden wachsen. Lenke deine Aufmerksamkeit auf deine Füße. Stehen sie fest auf dem Boden? Kannst du fühlen, wie weit deine Wurzeln in den Boden wachsen? Werden deine Füße wärmer? Kannst du ein Kribbeln fühlen?

Wenn du fühlen kannst, dass deine Füße immer fester auf dem Boden stehen und du durch deine Wurzeln fest und stabil mit dem Boden verbunden bist, bist du geerdet.

Meditation Urvertrauen / Der Kristall des Vertrauens

Führe folgende Meditation so oft durch, bis du den Kristall des Vertrauens sicher in dein Herz geholt hast.

Erde dich und gehe dann mit deiner Vorstellung in die Natur an einen Platz, der dir gut gefällt und stelle dir vor, wie sich langsam vor dir ein Loch in der Erde öffnet. Schau dir dieses Loch genau an: Es kann ein rundes Loch sein, es kann eine Erdspalte sein, schaue hinein und beginne hinunterzuklettern. Vielleicht gibt es an den Seiten Haken oder eine Leiter. Steige tiefer und tiefer in die Erde hinab.

Ermuntere dich dazu, dich fallen zu lassen. Hier geht es um das Vertrauen, dich fallen lassen zu können. Lass also einfach los und genieße den Fall. Es kann sein, dass du meinst, du würdest fliegen. Es kann rasant schnell gehen. Du wirst wunderbar aufgefangen.

Lass es zu, auch wenn du Angst bekommen solltest. Fühle und atme und lass alle Gefühle zu. Falls dich Wolken auffangen, bist du noch nicht ganz unten angekommen. Lasse dich weiter fallen, bis du Boden unter den Füßen spürst. Möglicherweise kannst du fühlen, wie eine mütterliche Kraft dich auffängt.

Erhole dich für einen Moment von dem Fall. Schau dich um und gehe dann weiter. Du findest jetzt einen Eingang zu einer Höhle. Schau, wie der Eingang aussieht.

Gehe dort hinein. Du kommst in eine herrliche Kristallhöhle. Die Kristalle senden ihr wunderbares Licht zu dir; lasse dich von ihnen aufladen! Spüre, wie es geschieht!

Es fühlt sich gut an. Sieh dich in dieser Höhle um: Ein großer Kristall leuchtet besonders stark. Er zieht dich an. Lenke deine Aufmerksamkeit auf ihn. In diesem Kristall befindet sich etwas, das zu dir möchte. Warte, bis du siehst oder fühlst, dass sich etwas zeigt. Es kann eine Energie oder eine Gestalt sein. Sie möchte dir etwas zurückgeben, was du vor langer Zeit verloren hast. Es ist der Kristall des Vertrauens. Er hilft dir, dein Urvertrauen zurückzugewinnen.

Du weißt, was du mit ihm machen sollst: Er gehört in dein Herz. Lege ihn mit deiner ganzen Liebe wieder in dein Herz zurück, denn dort gehört er hin. Es ist dein Kristall – oder auch ein anderes Zeichen – was du vor langer Zeit verloren hast.

Dies ist ein feierlicher Moment. Es kann sein, dass die Gestalt oder Energie noch eine Botschaft für dich hat; warte und lausche.

Bedanke dich bei ihr auf deine Weise. Du kannst dich noch in der Höhle umsehen, dann kehre langsam zum Ausgang zurück und lasse dich wieder nach oben befördern.

Wie, das weißt nur du. Zurück zu deinem Platz auf der Erde, zu dem Platz, von wo aus du hinabgestiegen bist. Komme ganz im Hier und Jetzt an. Dazu ist es hilfreich, den Atem wieder selbst zu führen, die Hände zu Fäusten zu ballen und dich zu bewegen.

Du kannst jederzeit an deinen Platz in der Höhle zurückkommen.

Der Kristall des Vertrauens wird dir helfen, dich hier auf der Erde sicherer und geborgener zu fühlen. Er gehört zu dir. Er wird dir helfen, beim Channeln deinen Impulsen zu trauen.

Hier folgen etliche Möglichkeiten, dich mit der Erdung zu befassen, die ich mit meinen Teilnehmern zusammengestellt habe.

Suche dir aus, wie du dich erden möchtest. Wenn du wenig Zeit hast, sind die praktischen Dinge sehr hilfreich.

- Barfußlaufen, auf Wegen, die nicht gepflastert sind
- In der Natur spazieren gehen
- Gemüse, das in der Erde wächst, essen
- Kartoffeln und Möhren schälen und essen
- Dir selber etwas kochen
- Deine Wohnung putzen, spülen, aufräumen
- Reparaturen ausführen, Dinge pflegen, die uns dienen

- Bei allen Tätigkeiten mit Aufmerksamkeit und Hingabe dabei sein
- vollkommen »im Flow sein«
- Gartenarbeit, Arbeit mit der Erde
- tanzen, mit der Aufmerksamkeit bei den Füßen sein, besonders zu Trommelmusik
- Fußreflexzonenmassage
- Tennisball auf den Fußboden legen und die Fußsohlen darauf rollen und massieren
- Rote Unterwäsche tragen, rote Socken, Wurzelchakra stärken mit der Farbe Rot
- Schneeflockenobsidian oder Hämatit bei sich tragen; auch roter Jaspis, Rubin und Granat sind gut geeignet zum Erden
- sich auf eine Wiese legen
- Fußpflege betreiben, Füße massieren, eincremen
- du kannst die Silbe LAM singen
- mit gegrätschten Beinen in die Knie gehen und wippen du kannst dir vorstellen, wie Energie vom Boden in den Genitalbereich hinein und herausfließt
- Joggen, Dehnung der Waden
- Meditationen, in denen du in die Erde gehst
- Meditation: rote Farbe ergießt sich in deinem Becken und breitet sich in den Füßen und Beinen aus
- Sich an einen Baum setzen
- Qi Gong, Tai-Chi oder Yoga ausüben
- Sex haben, Selbstbefriedigung,
- den ganzen Körper schütteln, Schüttelmeditation
- Sich auf einen Stuhl setzen, sich bücken, die Hände auf die Füße legen und fest an den Boden drücken
- Auf dem Boden liegen, Füße aufstellen und das Becken anheben und auf dem Boden abrollen lassen
- Auf einem Stuhl sitzend mit dem Oberkörper kreisen, in beide Richtungen
- sich auf sich selbst konzentrieren
- sich ganz auf das konzentrieren, was du gerade machst.

Aufgabe:

Besorge dir ein Heft, in das du täglich deine Beobachtungen schreibst.

Frage dich:

- Was hat mir Freude bereitet?
- Was hat mir unangenehme Gefühle bereitet?
- Wann habe ich nichts gefühlt, wann habe ich mich verschlossen?
- Wo bin ich zufrieden mit meinem Leben?
- Wo läuft etwas nicht so, wie es mir gefällt?
- Wo fühle ich mich gelangweilt?
- Welche Sehnsucht habe ich?
- Wo trage ich eine Maske, um besser dazustehen?
- Wann lüge ich, wann schweige ich und traue mich nicht, meine Meinung offen zu sagen?
- Wo will ich meine guten oder auch schlechten Seiten nicht sehen?
- Wann mache ich etwas, was ich gar nicht will? Z. B. zu viel essen, zu viel trinken, zu viel rauchen, zu viel arbeiten, zu viel Fernsehen?
- Wann lasse ich mich zu Treffen oder Tätigkeiten verleiten, die ich gar nicht will?
- Was dient mir nur zur Ablenkung, z. B. um nicht alleine zu sein, um mich mit meinen Gefühlen nicht konfrontieren zu müssen?
- Was mache ich nur anderen zuliebe?

Schreibe deine Beobachtungen so ehrlich und genau auf, wie es dir möglich ist. Sie sind eine Bestandsaufnahme deiner Realität. Bleibe dabei, dass du diese Fragen für einen ganzen Monat als Hilfestellung nimmst und alles wahrnimmst und aufschreibst, was in deinem Leben ist. Dies gilt es voll und ganz zu akzeptieren.

Sei bereit, alles anzusehen.
Sei bereit, alles anzunehmen.
Sage JA zu deinem Leben.

Erlaube allen Gefühlen, die beim Schreiben aufsteigen, da zu sein.

Z. B.: Ja, hier fühle ich mich traurig.
Ja, hier fühle ich mich überrollt.
Ja, das ist herrlich, hier habe ich mich glücklich gefühlt.

Es ist auch sehr wichtig, deinen Geist zur Ruhe zu bringen, damit du ganz präsent im Hier und Jetzt sein kannst.

Im Alltag könnte das für dich heißen, nicht fortwährend beschäftigt zu sein, sondern auch mal das Nichts auszuhalten, die Leere, das Nichtstun, die Stille, denn aus ihr werden neue Ideen geboren.

Beobachte dich:

- Wie oft läuft dein Radio im Hintergrund?
- Wieviel schaust du fern?
- Bist du ständig per Handy verfügbar?
- Sind immer Menschen um dich?
- Gibt es Ruhemomente in deinem Alltag?

Je unruhiger dein Tag ist, desto wichtiger ist es, Momente der Einkehr zu haben. Baue diese Phasen ein – als Pausen –, die nur dem Lauschen in die Stille dienen. Aus der Ruhe kannst du viel besser, klarer und gelassener handeln, denn du handelst aus dir, aus deinem UR-Wissen heraus.

Lektion 2

Vollkommenheit die Verbindung zum Himmel

Um dich auf deine Göttlichkeit oder dein Höheres Selbst einzustimmen und eine Verbindung in höhere Bewusstseinsebenen aufzubauen, ist es hilfreich, einen Schlüssel oder einen Code zu haben. Mit einem Code kannst du dich mehr und mehr auf deine göttliche Ebene einschwingen und so mit der Zeit eine sichere Verbindung herstellen.

Diese Übungseinheit dient dazu, auch im Alltag deine Ausrichtung auf Gott bzw. die Vollkommenheit zu halten. Sie hilft dir, dein Leben ganz anzunehmen, sodass du immer mehr »Ja« sagen kannst, zu dem, was gerade ist.

Alles, was in deinem Leben vorhanden ist, dient dir.

Das Schöne und Gute anzunehmen ist leicht. Aber auch alle Schwierigkeiten und Probleme dienen deinem inneren Wachstum! Das ist zunächst erst einmal schwer zu verstehen. Wenn du bereit bist, sie anzunehmen, sie als Tatsache zu sehen und zu akzeptieren, dann kannst du schauen, ob du sie verändern kannst. Wenn nicht, ist es sinnlos, ständig darüber zu klagen. Es ist sinnvoller, sie nicht zu bekämpfen oder darüber zu schimpfen, sondern mit ihnen zu leben. Je weniger Widerstand du aufbringst, umso leichter kannst du mit allem sein.

Bei Gott ist alles vollkommen. Gott ist alles.

Ich lade dich jetzt ein, dir einen Schlüssel oder Code zu erstellen, der dich auf dein Höheres Selbst einstimmt.

Lege dir einen Stift und Papier bereit.

Erde dich.

Begib dich dafür in die Basis-Erdungsmeditation, die du in der letzten Lektion geübt hast.

Den Code kannst du finden, indem du immer wieder das Wort VOLLKOMMENHEIT denkst oder sprichst:

»Vollkommenheit«, »Vollkommenheit«, »Vollkommenheit« ...

Warte, beobachte und lausche:

Welches Gefühl taucht im Zusammenhang mit dem Wort »Vollkommenheit« auf?

Welcher Satz, welches Bild?

Das erste, was erscheint, ist dein Bild, dein Original. Es ist der Vollkommenheit am nächsten. Alles, was danach kommt, ist nicht mehr ganz so rein. Alles kann auftauchen, urteile nicht und sei schnell. Schreib auf, was sich dir gezeigt hat und skizziere dein Bild. Es ist sehr wichtig, dass du alles annimmst, was sich dir zeigt.

Jetzt kannst du dein Bild der Vollkommenheit malen und den Satz, der sich dir gezeigt hat, darunterschreiben.

Es ist okay, wenn es nur ein Bild oder nur ein Satz ist.

Es ist ein Symbol.

Dein Symbol.

Dein Schlüssel.

Du kannst nun dieses Bild, Zeichen oder Wort als Code benutzen, um schnell in die hohe Schwingung von Vollkommenheit zu gelangen. Sie wird dich ab jetzt in deinen jeweiligen Lebenssituationen daran erinnern, dass alles vollkommen ist.

Beobachte dich. Beobachte deine Gefühle und übergib alles der Vollkommenheit.

Verbinde dich mit deinem persönlichen Code der Vollkommenheit. Nimm an, dass wirklich alles vollkommen ist. Sage dir:

Ich nehme die Situation an. Sie ist ein Geschenk für mich, damit ich wachsen kann.

Danke!

Du wirst sehen, du veränderst dich, wenn du anfängst, alles so anzunehmen wie es ist. Es gibt nichts Negatives mehr. Es gibt auch keine Feinde mehr, denn alles ist für dich. Auch die schwierigen Situationen, sie dienen dir, um zu mehr Wachstum und Liebe zu finden.

Ich möchte dir gerne ein paar Beispiele geben, wie ein Bild der Vollkommenheit aussehen kann.

Das erste Mal, als ich die Vollkommenheit visualisierte, zeigte sich mir folgendes Bild:

Ich saß in meinem Garten, war müde und mein Rücken schmerzte. Über mir flog ein Flugzeug das einen furchtbaren Lärm machte.

Ich visualisierte Vollkommenheit, und war gar nicht einverstanden mit dem, was ich dachte und dem, was da gerade passierte. Es war zu laut, die Schmerzen lenkten mich ab und trotzdem visualisierte ich Vollkommenheit. Das Bild, das sich mir aufdrängte, war ein rotes Herz. Die Türen des Herzens öffneten sich und ich schaute aus dem Herzen heraus. Ich, Christina Löw, mit leicht säuerlichem Gesicht! Das sollte Vollkommenheit sein? Hm!

Darunter erschien ein Schriftzug:

»Das Unvollkommene ist vollkommen.«

Ach so, ja gut, so ist Vollkommenheit, eben auch unvollkommen! Für mich war es in dieser Phase wichtig zu erkennen, dass auch ich unvollkommen sein durfte.

Bei der nächsten Visualisierung der Vollkommenheit zeigte sich mir folgendes Bild:

Es war sehr windig und herbstliche Blätter wurden vom Wind fortgeweht. Dann erschien der Schriftzug:

»Vollkommenheit heißt Veränderung.«

Zu dieser Zeit war es wichtig für mich, mich Veränderungen nicht entgegenzustellen, sondern sie einfach anzunehmen.

Bilder zur Vollkommenheit von meinen Teilnehmern waren:

Ein Herz, eine Sonne, eine Landschaft, eine Rose, die voll erblüht ist, ein schräger Baum in der Landschaft, ein stiller See, ein Sonnenuntergang.

Das lustigste Bild, woran ich mich erinnern kann, war ein rosa Schweinchen. Es war das erste Bild, das einer Teilnehmerin zum Thema Vollkommenheit erschienen ist. Es fiel ihr schwer, darüber zu sprechen, was ein rosa Schweinchen mit Vollkommenheit zu tun habe. Sie assoziierte zunächst, dies sei ein Glücksschwein. Nach näherem Betrachten war es aber auch ein Symbol für sie, dass sie nicht immer nur lieb sein wollte. Vollkommenheit bedeutete für sie, auch mal Schwein sein zu dürfen. Sich nicht mehr an alle Moralvorschriften zu halten. Mal ein wenig unverschämt zu sein und ihre Gelüste leben zu dürfen. Das Symbol des rosa Schweinchens war sehr passend für sie. Es half ihr in der folgenden Zeit, ihre strengen Moralvorschriften abzulegen.

Aufgabe:
Einladung der Vollkommenheit

Verbinde dich während deiner Übungsphasen immer wieder mit der Vollkommenheit.

Betrachte alle Lebenssituationen mit dem Bild deiner Vollkommenheit. Sage »Ja« zu allem, was in deinem Leben ist. Das Leben will ein klares, aktives Ja. Du und ich, deine und meine Göttlichkeit, haben diese und jede andere Situation in unserem Leben erschaffen, damit wir daran wachsen können.

Schau dir deine gegenwärtige Situation genau an. Sprich mit ihr, bedanke dich dafür, dass sie sich dir zeigt.

Danke, du meine Situation, dass du da bist! Ich nehme dich an und schaue, was du mir zeigen willst. Was kann ich lernen? Wie kann ich daran wachsen, um mehr zur Liebe und Eigenliebe zu finden?

Soll ich mehr vertrauen?
Soll ich lernen, mich zu wehren?

Soll ich mehr auf meine Bedürfnisse achten?
Soll ich mein Herz für den anderen öffnen?

Beispiel:

Ich hatte während meiner Ausbildung zur spirituellen Lebensberaterin einen Partner, der immer wieder sehr schnell wütend wurde. Ich wurde nie wütend! Ich hasste es, wenn er mit mir im Auto saß und über die anderen Autofahrer wetterte. Ich bekam dann immer seine gesamte Wut im Auto ab und wollte sie nicht bei mir haben. Ich bat ihn, sich nicht so aufzuregen. Das gelang ihm für eine Weile, doch bei der nächsten Gelegenheit schimpfte er wieder los. Was sollte ich aus dieser Situation lernen? Ich fragte meine damalige Lehrerin. Sie antwortete mir folgendes:

»Was sich dir im Außen zeigt und dich gefühlsmäßig berührt, hat immer etwas mit dir selbst zu tun. Es ist dein direkter Spiegel.«

Ich fragte: »Kann es wirklich sein, dass mein Partner mit seiner Wut ein Spiegel für mich ist?«

Sie bestätigte es mir.

Ich habe dann langsam erkennen können, dass ich meine eigene Wut so sehr abgelehnt habe, dass ich sie nicht einmal spüren konnte. Ich hatte sie abgelehnt, weil ich meinte, sie dürfe nicht sein. Sie sei nicht gut. Daher musste sie sich mir so lange im Außen zeigen, bis ich erkennen konnte, dass sie von mir gesehen, gewertschätzt und gelebt werden wollte.

Mein damaliger Partner war in dieser Zeit mein vollkommen richtiger Gefährte und Spiegel, solange, bis ich meine eigene Wut in mir finden und annehmen konnte.

Noch ein Beispiel aus meinem Leben:

Ich arbeitete in einem ambulanten Unternehmen als Pflegedienstleitung, hatte dort sehr viel Arbeit und Verantwortung und verdiente sehr gut. Meine Chefin kündigte mir damals ziemlich plötzlich und unverhofft, weil ich zu teuer für sie war. Ich nahm ihr Angebot, mit weniger Geld zufrieden zu sein, nicht an und wurde arbeitslos.

In dieser Zeit lebte ich mit meinen beiden Söhnen alleine in unserem Haus, das ich meinem Exmann abgekauft hatte. Es war mir wichtig, dort wohnen zu bleiben.

Am Tag meiner Kündigung bin ich an einen nahegelegenen See gefahren; die Sonne schien. Ich setzte mich an den See und bedankte mich bei Gott. Unerwartet bekam ich eine Pause von der vielen Arbeit.

Ich genoss meine plötzliche Freiheit, dort sitzen zu können und die glitzernde Sonne auf meiner Haut zu spüren und endlich mehr Zeit für meine Kinder haben zu können!

Zuerst musste ich lernen, mich der Angst zu stellen, wir müssten aus unserem Haus ausziehen. Dies wollte ich unbedingt vermeiden, denn das Haus gab uns Sicherheit.

Neben dem Arbeitslosengeld verdiente ich in einem Blumenladen Geld dazu. Ich schrieb einige Bewerbungen auf Stellenangebote, die mich interessierten. Ich erhielt weder Antworten noch Absagen. Je länger dieser ungewisse Zustand andauerte, desto unruhiger wurde ich. Ich wollte doch arbeiten!

Da fiel mir eine Anzeige für eine Weiterbildung zur Altentherapeutin ins Auge. Zweimal vorher hatte ich sie schon gesehen, aber ignoriert. Dieses dritte Mal interpretierte ich sie als Zeichen und meldete mich dort an.

Die Ausbildung dauerte ein Jahr und diente mir und der ganzen Klasse hauptsächlich dazu, zu lernen, gut für uns selbst zu sorgen.

Dieser Aspekt war für mich besonders wichtig, weil ich bis dahin hauptsächlich für andere da gewesen war. Ich erhielt durch diese Ausbildung eine Auszeit und konnte eine neue Sichtweise auf das Arbeitsleben entwickeln. Ich lernte, in meinem Privatleben mehr auf meine Bedürfnisse zu achten.

Meine Kündigung hatte also letztendlich meinem besten Wohl und meiner größtmöglichen Entwicklung gedient!

Ich habe viele ähnliche Beispiele erlebt. Daher weiß ich, ich kann Gott und dem Leben vertrauen.

Du kannst dir diesen Grundsatz merken:

Je größer sich ein Problem darstellt, desto größer ist das Geschenk, das du bekommst, wenn du dich auf das Problem einlässt.

Channeling Vollkommenheit

Ich, deine Seele, möchte mich mehr und mehr in deinem Körper ausbreiten und verankern. Es ist jetzt an der Zeit, mehr und mehr Seelenanteile zu dir zurückzuholen. Liebes, du hast durch viele Zeiten hinweg so viele wundervolle Seiten von dir zurücklassen müssen, in Ereignissen, die traumatisch und schmerzhaft waren. Diese abgespaltenen und festgehaltenen Energien sind in deinem Körper abgekapselt und eingelagert. Sie wollen befreit, geliebt und gesehen werden. Du bist nun in der Lage dazu. Wenn unangenehme Umstände, Ereignisse und Gefühle dich übermannen, dann nur aus dem einzigen Grund, um von dir wieder integriert und zurückgeholt zu werden.

Geliebtes Sein, ich bitte dich, das Unangenehme nicht entfernen zu wollen, dich gerade dann nicht abzulenken, sondern dir die Zeit zu nehmen, da zu bleiben und zu fühlen, was zu fühlen ist.

Du kannst jetzt erkennen, dass es deine Gefühle sind, die gefühlt werden wollen. Es sind deine Gedanken, die gehört werden wollen. Es sind deine Körperempfindungen, die wahrgenommen werden wollen.

Du bist nun in der Lage zu erkennen, dass es deine Kreationen, deine Kinder sind, die zu dir zurückwollen. Sie wollen gesehen, akzeptiert und anerkannt werden. Sie wollen, dass du sie hältst und liebevoll umarmst, bis sie sich beruhigen.

Liebes, wenn akut starke Schmerzen in einer Stelle deines Körpers laut nach dir rufen, dann lass dich mit deinem ganzen Sein, mit all deiner Aufmerksamkeit und Liebe in diese Bereiche fallen.

Du wirst feststellen, wenn du es schaffst, ganz in diese Bereiche einzutauchen, wird der Schmerz sich beruhigen und nachlassen. Es bedarf einiger Übung, die Fokussierung mit deiner liebevollen Aufmerksamkeit zu halten.

Dein Körper spricht mit dir. Deine Gefühle sprechen mit dir. Deine Gedanken wollen dich oft überreden, aus deiner Liebe zu fallen. Dies geschieht nur aus Angst und mangelndem Urvertrauen.

Beobachte sie, schick sie nicht fort. Sie wollen dir zeigen, was in dir denkt.

Auch die dunklen Gedanken, besonders diese, wollen gesehen, gehört und getröstet werden. Übernehme auch für sie die volle Verantwortung und antworte ihnen in Liebe.

Liebes, alles dient deiner Heil- und Ganzwerdung zu mehr Liebesfähigkeit.

Erkenne deshalb, dass alles, was in deinem Leben ist, für dich ist. Das Leben ist für dich, es unterstützt dich! Es dient dir! Immer!

Hörst du!

Nimm es an, sage ganz ja zu deinem Leben und heile es mit deiner Liebe.

Du holst so immer mehr Seelenanteile aus ihrer Verkapselung und ihrem Getrennt-Sein zu dir zurück, und wirst immer vollkommener und vollständiger.

Alles will nur gesehen, anerkannt und geliebt werden.

So, wie auch ich mich durch deine Liebe immer mehr in dir ausbreiten möchte, um all deine Zellen mit dem Bewusstsein der Zusammengehörigkeit und Verbundenheit in Liebe zu füllen.

Lass mich mehr und mehr in dir ausbreiten. Körper, Seele und Geist wollen eins werden.

Deine Seele

Lektion 3

Intuitionstraining

»Spiel dein Spiel und wehr' dich nicht,
laß es still gescheh'n.
Laß vom Winde, der dich bricht,
dich nach Hause weh'n.«
(Hermann Hesse)

»Wenn der Wind weht, dann lass dich treiben, ganz leicht, ganz einfach, spielerisch, wie das Blatt im Wind. Es kennt sein Ziel nicht und lässt sich dorthin wehen, wohin es geblasen wird. So, geliebtes Wesen, kannst auch du dich von den Winden treiben lassen. Es ist ganz leicht, deiner Bestimmung, deinem Zuhause näher zu kommen. Sich gegen Dinge aufzulehnen, sich zu wehren, sie nicht haben zu wollen, es anders haben zu wollen, erzeugt nur Widerstand, der Schmerz bereitet. Kampf und Schmerz hören auf, wenn du akzeptierst und annimmst, wohin dich das Schicksal treiben will. Sei auch du ganz leicht und einfach, denn das Leben ist einfach. Sei du einfach du und lass dich wehen!«
(Erzengel Metatron)

Intuition ist die leise Stimme unseres Unterbewusstseins und ein hervorragender Begleiter für unseren Alltag. Sie hilft uns, schnell richtige Entscheidungen zu treffen. Das Unterbewusste hat meistens recht. Es zeigt sich im ersten Impuls, im ersten Gedanken.

Das Intuitionstraining ist eine hervorragende Übung, um channeln zu lernen. Dein Verstand ist jetzt nicht wichtig. Es geht darum, Impulse in dir aufsteigen zu lassen und ihnen ohne Bewertung zu folgen. Dazu ist es wichtig, in einem entspannten und ausgeglichenen Zustand zu sein. Angst und Stress blockieren die Intuition.

Albert Einstein sagte einst:

»Die Intuition ist ein göttliches Geschenk,
der denkende Verstand ist ein treuer Diener.
Es ist paradox,
dass wir heutzutage angefangen haben,
den Diener zu verehren
und die göttliche Gabe zu entweihen!«

Frage:
Wie kann ich lernen, die Weisungen meiner inneren Führung wahrzunehmen, ihnen zu vertrauen und ihnen immer mehr zu folgen?

Ich habe folgende Worte von meinem Hohen Selbst erhalten:

Meine Lieben, es ist schön, dass ihr Verbindung zu eurer inneren Weisheit herstellen wollt. Alle Informationen, die ihr benötigt, sind in euch. Ihr braucht demnächst keine weisen Ratgeber mehr und seid auch nicht auf Bücher und intellektuelles Wissen angewiesen. Dies belastet nur eure hübschen Köpfe. Ihr denkt sowieso unentwegt viel zu viel. Lasst einfach los und lauscht nach innen. Was ist in euch?

Was fühlt ihr?

Was will euer Körper?

Seid wie die Kinder, einfach planlos. Seid spontan. Verabschiedet euch von all euren vielen Terminkalendern. Sie sind nötig, ich weiß, aber längst nicht so nötig, wie ihr meint. Fangt an zu vertrauen, dass die richtigen Impulse zum richtigen Moment in euch auftauchen. Zerdenkt sie dann nicht, sondern folgt ihnen sofort, ohne zu überlegen. Der erste spontane Gedanke ist genau der richtige. Wertet nicht, verurteilt ihn nicht, und vor allem: zweifelt ihn nicht an!

Ausrichtung auf die Intuition

Gib dir selbst folgendes Versprechen:

Ab jetzt werde ich meinen inneren Impulsen immer sofort folgen. Falls ich ihnen mal nicht folge und sie überhöre, werde ich mir nicht böse sein und verspreche mir, weiterhin auf alle Impulse zu hören und ihnen sofort zu folgen.

Hier findest du einige Anregungen zum Intuitionstraining. Nimm sie spielerisch an. Sie sollen keine Arbeit bedeuten, denn wenn sie den Charakter von Arbeit und Anstrengung bekommen, fehlt dem Ganzen die Leichtigkeit. Spontane Impulse steigen nur im entspannten und losgelösten Zustand auf. Sei also locker. Sei einfach neugierig wie ein Kind. Versuche, private Termine so wenig wie möglich zu planen, lasse dich lieber auf den Moment ein.

Schaffe dir Freiräume in deinem Terminkalender, in denen du nichts planst.

In den freien Zeiten kannst du mit dem Intuitionstraining starten.

Setze dich einfach hin und warte, bis ein Impuls in dir aufsteigt, irgendetwas zu tun. Lass dich auf den Moment ein und fühle, was gerade in dir aufsteigt. Genieße, mal das tun zu können, was du gerade in dem Moment tun möchtest. Vielleicht steigt kein Impuls in dir auf und es geschieht gar nichts, dann lass dieses Nichts zu.

Es kann schwer sein, die Leere auszuhalten, in der alles und nichts ist. Es können Themen auftauchen, vor denen du Angst hast, vor denen du bis jetzt immer wieder davongelaufen bist.

Vielleicht hast du auch Angst vor dem Alleinsein, vor dem inneren Kritiker, vor Schuldgefühlen, vor deiner unbändigen Wut, vor deiner tiefen Traurigkeit, vor einer Entscheidung, die du nicht fällen kannst …

Wenn dies so ist, dann bleibe bei dem Gefühl, erkenne, was gesehen werden möchte, auch wenn es unangenehm ist. Es will doch nur angenommen und geliebt werden. Bleibe also da, damit es heilen kann. Achte darauf, ob du dich gerade wieder ablenken willst, weil etwas Unangenehmes in dir aufsteigen möchte.

Übe einfach nur das zu tun, was an Bedürfnissen aus deinem Innern in dir aufsteigt. Achte darauf, nichts zu tun, was du nicht tun möchtest. Es kann dir manchmal schwerfallen, Treffen und Verabredungen abzusagen, um andere nicht zu verletzen. Es braucht dann Mut und ein Herz für dich selbst, das zu sagen, was du willst. Ich habe festgestellt, wenn ich meiner Wahrheit folge, so ist dies auch für die anderen richtig.

Merke:

Wenn du etwas für einen anderen tust, was du gar nicht möchtest, ist es nicht ehrlich und auch kein richtiges Geschenk, weil du nicht mit deinem Herzen dabei bist. Das merkt der andere – und wenn auch nur auf der unbewussten Ebene.

Aufgabe:

Fange an, auf deinen Körper zu hören. Was will er, was braucht er? Überprüfe alle festgefahrenen Aktivitäten, ob sie deinem Inneren wirklich entsprechen. Machst du viele Dinge, weil sie so von deinen Eltern gemacht wurden, weil es allgemein so üblich ist? Finde heraus, wie es für dich am besten ist.

Vielleicht will dein Körper sich bewegen, dann bewege dich so, wie es dein Körper möchte. Falls du müde werden solltest, dann gib der Müdigkeit den Raum, da sein zu dürfen und mache ein Nickerchen.

Möglicherweise verspürst du Durst, dann besorge dir etwas zu trinken. Fühle in dich hinein, was braucht dein Körper? Was möchte er gerne essen?

Falls dir eine Person in den Sinn kommt, könnte dies ein Zeichen sein, sie zu kontaktieren. Überlege nicht lange, mache spontan, was dir einfällt. Es gibt viele Dinge, die du spielerisch tun kannst. Alleine oder auch mit anderen zusammen.

Du kannst zum Beispiel malen. Male dann ohne Absicht, einfach nur zur Freude am Malen. Du kannst singen und tanzen.

Zu zweit oder mit mehreren könnt ihr euch gegenseitig erfundene Geschichten erzählen. Ihr könnt euch spontan Worte sagen und dazu etwas erfinden, euch Bildchen zeigen und euch dazu eine Geschichte ausdenken. Es gibt so viele Möglichkeiten.

Achte auf Synchronizitäten, scheinbare Zufälle, Fügungen.

Synchronizitäten sind Ereignisse, die sich in dein Erleben perfekt einfügen. Wenn du deine Aufmerksamkeit darauf lenkst, werden sie öfter auftreten und du wirst sie vermehrt wahrnehmen können.

Wenn es dir immer leichter möglich wird, dich deinen spontanen Eingebungen hinzugeben, kannst du dich vielleicht auf einen ganzen Nachmittag einlassen. Schön wäre es, wenn du dir für diese Übungseinheit sogar einen ganzen Tag freinehmen könntest.

Du könntest dich an diesem Tag darauf einlassen, spontan zu verreisen, ganz ohne Plan. Vielleicht setzt du dich in die Bahn und steigst einfach aus, wann du möchtest. Lasse dich darauf ein, deinen Impulsen zu folgen, achte darauf, dass du nicht Dinge machst, die du aus alten Erfahrungen kennst, das kann schiefgehen. Lass dich von innen heraus führen und schau mal, was dir begegnet.

Lass dich auf das Abenteuer ein, nicht zu wissen, was passiert und lass dich führen. Vielleicht machst du etwas, was du noch nie in deinem Leben getan hast. Möglicherweise gehst du in ein Lokal, das du vorher noch nie besucht hast, sprichst spontan einen Menschen an, den du nicht kennst? Sei wachsam und achte auf Fügungen. Sei jederzeit aufmerksam, um deine Eingebungen wahrzunehmen und sofort umzusetzen.

Dies genau ist die Einstellung, die dir hilft zu channeln, dann hörst du auf deine inneren Eingebungen und formst sie in Worte. Dies ist auch eine wichtige Übung fürs Leben. Üben darf auch Spaß machen und leicht sein. Genieße es, spontan zu sein.

Du kannst gerne aufschreiben, was dir auffällt, wie sich spontane Eingebungen zeigen, wann du darauf geachtet hast, wann du vielleicht eine überhört hast. Keine Sorge: Wichtige Informationen von deinem Höheren Selbst werden sich immer wieder melden, genauso Gefühle, die endlich gefühlt werden wollen.

Du kannst also nichts verpassen. Wenn du wachsam bist, kannst du sie immer schneller wahrnehmen und dich von deiner inneren Weisheit (Gott, Hohes Selbst, Schutzengel usw.) führen lassen.

Eine schöne Übung ist es auch, etwas zu tun, nur aus Freude; ohne, dass es einen Zweck erfüllt. (Kinder rennen durchs Laub, weil das einfach schön ist! Jemand nimmt sein Instrument in die Hand und spielt darauf, einfach weil das schön ist.)

Ich wünsche dir viel Vergnügen dabei!

Es geht darum, spontan zu bleiben; nicht zu überlegen, es fließen zu lassen. So sind Kinder. Sie machen das, was ihre Aufmerksamkeit gerade anzieht. Wenn es ihnen langweilig wird, lassen sie es wieder bleiben. Wenn sie etwas Neues fasziniert, dann lenken sie ihre Achtsamkeit darauf. Wenn ihnen etwas nicht gelingt, wiederholen sie es. Manchmal weinen sie, aber im nächsten Moment können sie wieder lachen, weil sie etwas anderes fasziniert. Sie können Wutanfälle bekommen, wenn sie sich ungerecht behandelt fühlen oder ärgern, weil sie etwas nicht bekommen können. Schön ist es, wenn sie all diese Gefühle ausleben dürfen und die Eltern all diese Emotionen aushalten und sie nicht mit einem Bonbon wegtrösten wollen.

So bleibt alles im Fluss und nichts bleibt zurück, was das nächste Abenteuer verhindert. Schaut euch an, wie kleine Kinder sind, die noch nicht erzogen oder verzogen wurden. Seid wie die Kinder, denn den Kindern gehört das Himmelreich.

Kehre immer wieder in die Stille ein,
lasse dich von der Stille umhüllen.
Aus der Stille kommt deine innere Stimme.
Aus der Stille steigen neue Impulse auf,
die ein höheres Bewusstsein tragen.
Diese Impulse sind vage und leise
und verschwinden gerne ganz schnell.
Sei also aufmerksam
und lasse dich von den sanften Impulsen führen.
Richte deine Aufmerksamkeit nach innen,
auf die Stille.
Erkenne die Weisheit in dir.
Du bist mit mir verbunden, immer!
Ich bin die Liebe,
die dich leiten will, allezeit.
Ich bin Frieden und reine Schöpferkraft.
Gönne dir täglich die Verbindung mit mir.
Sie gibt dir Kraft, Führung, Impulse und inneren Frieden
(Channeling Hohes Selbst)

Lektion 4

Reinigung und Kanal aufbauen fürs Channeln

Reinigung des Raumes

Deine Räume, in denen du dich aufhältst, könnten ab und zu eine Reinigung benötigen, besonders, wenn sie viel frequentiert werden, oder auch nach Streitgesprächen.

Lüfte gut. Danach kannst du ein Räucherstäbchen verwenden und damit durch den Raum gehen, wedeln und ausräuchern. Anschließend kannst du dich selbst damit reinigen, indem du den Rauch um dich herum fächelst und an dir von oben nach unten entlang wedelst. Befindest du dich irgendwann in einem fortgeschrittenen Stadium, kannst du den Raum oder dich selbst alleine durch deinen Geist z. B. mit der violetten Flamme energetisch reinigen.

Reinigung des Körpers

Ich selber habe für mich und die Teilnehmer/innen meiner Gruppen immer gerne folgendes Reinigungsritual für den Körper durchgeführt:

Mache dir eine Trommelmusik an, z. B. die Kundalini-Meditation von Osho. Schüttele deinen Körper etwa zehn Minuten zu der Musik, so, als ob du etwas aus dir herausschütteln und lockern wolltest. Streiche imaginär mit deiner Hand viele deiner unnötigen Gedanken aus deiner Stirn heraus und wirf sie auf den Boden. Hole auch deine Hintergedanken aus deinem Hinterkopf heraus und wirf sie wieder auf den Boden.

Im Nacken sitzen alle Verspannungen aus Angst. Greife in den Nacken und hole die Ängste mit deiner Vorstellung heraus. Schüttle dich dabei immer weiter zu der Musik.

Im Hals sitzt oft ein dicker Kloß, mit allem, was du nicht gesagt hast. Hole ihn heraus. Streife deine Schultern ab, dort liegen oft schwere Lasten. Spüre in dich hinein:

Was drückt dir auf die Brust?

Was lastet auf deinem Herzen? Stelle dir vor, wie du alles mit deiner Hand aus dem Herzen herausholst.

Liegt dir etwas schwer im Magen?

Ist dir etwas an die Nieren gegangen? Gehe mit deiner Hand dorthin und ziehe es einfach heraus.

Was bereitet dir Bauchschmerzen?

Auf den Hüften liegen gerne dicke Pakete, schüttle alles ab, hole es mit den Händen energetisch aus deinem Körper.

Musstest du den Po zusammenkneifen? Wo musstest du dich zusammennehmen? Lockere deinen Po!

Lass locker, schüttele dich!

Sind die Oberschenkel angespannt? Hängt noch etwas in den Knien?

Lockere alles, gehe weiter.

Streife deine Waden ab und lockere besonders deine Fußgelenke, dort sitzt nämlich deine Lebensfreude. Lass die Energie fließen, schmeiß deine Füße nach vorn, lass alles los!

Wenn du diese Übung mit einer zweiten Person durchführen kannst, könnt ihr euch gegenseitig die Verkrampfungen aus dem Nacken und Rücken massieren und alles ausstreichen.

Am Ende stelle dir vor, wie du alles, was du abgeschüttelt und abgestreift hast, in den Boden oder in einem imaginären Mülleimer verschwinden lässt.

Gib alles zur Transformation an die Erde ab.

Durch die Bewegung und die Musik ist dies eine sehr angenehme Übung. Du kannst auf diese Weise sehr viel Ballast, den du mitschleppst, loswerden. Durch das Schütteln lockerst du deinen Körper, aber auch deine Gedanken werden durchgeschüttelt. Es kann sein, dass du so an alte Gefühle gelangen kannst. Eine wunderbare Übung für jeden Tag! Sie erdet, löst und entspannt dich.

Die folgende Übung zeigt, wie du deinen Körper durch Gedankenkraft beeinflussen kannst. Ich will dir damit demonstrieren, wie du z. B. schlecht bewegliche Stellen deines Körpers mit deinem Geist wieder trainieren kannst. Die Übung soll dir auch beweisen, dass du mit deiner Vorstellungskraft deinen Körper verändern kannst. Wenn du spürst, dass es funktioniert, kannst du hoffentlich glauben, dass deine Anweisungen zur Reinigung sowie später deine Anweisungen zum Channeln wirken.

Übung:

Setze dich hin und drehe deinen Kopf langsam so weit wie möglich zu einer Seite. Bewege dabei deine Schultern nicht. Merke dir die Stelle im Raum, die deine Augen noch sehen können. Drehe deinen Kopf nun langsam zur Mitte und dann zur anderen Seite und merke dir wiederum die Stelle im Raum, die du gerade noch sehen kannst. Die Schultern bleiben unbeweglich. Drehe deinen Kopf wieder zur Mitte zurück. Jetzt schließe deine Augen und halte deinen Kopf ganz ruhig. Stelle dir nun vor, dass du deine Augen zu einer Seite drehst. Du kannst sie in deiner Vorstellung auch ganz um den Kopf drehen. Dann stell dir vor, wie du die Augen so weit wie möglich zur anderen Seite bewegst. Wiederhole dies einige Male. Dann öffne deine Augen wieder und drehe den Kopf erneut zu einer Seite. Kontrolliere, wie weit du jetzt schauen kannst. Konntest du den Kopf jetzt weiterdrehen? Wahrscheinlich ja.

Du hast die Muskeln gar nicht aktiv trainiert, du hast nur deine Vorstellungskraft benutzt! Wie du selbst feststellen kannst, lässt sich dein Kopf jetzt weiterbewegen. So funktioniert es auch mit dem Channeln. Wenn du dir vorstellen kannst, mit deinem Hohen Selbst zu kommunizieren, wird dies auch geschehen. Die Energie folgt deiner Aufmerksamkeit.

Eine ruhige, ausgeglichene Stimmung anstreben

Um deine Seele, dein Höheres Selbst oder auch um Engel hören zu können, ist es unerlässlich, ganz leise zu sein. Sonst kannst du nämlich nichts hören; die innere Stimme spricht ganz leise. Deshalb ist es wichtig zu lernen, deinen Geist zur Ruhe zu bringen. Achte darauf, in einem neutralen Zustand zu bleiben. Alles Wollen und Kontrollieren darfst du jetzt loslassen.

Reinigung des Kanals

Beginne mit der Basismeditation wie im Kapitel »Erdung« beschrieben. Sie wird dir jetzt immer schneller gelingen, je öfter du sie durchführst.

Noch einmal kurz zusammengefasst:

Nimm eine aufrechte Haltung ein. Schaue, dass deine Füße gut auf dem Boden stehen und achte darauf, dass dein Rücken aufrecht ist. Entspanne dich, indem du tief alles ausatmest, was dich belastet. Beginne, »senkrecht« zu atmen, bis tief in den Boden hinein. Beobachte, wie bei jedem Ausatmen Wurzeln in den Boden wachsen. Wenn du dich gut geerdet fühlst, kannst du mit der Reinigung deines Kanals fortfahren.

Du beginnst dir vorzustellen, wie im Steißbein ein imaginärer, warmer Wasserstrahl, einem Lichtstrahl ähnlich, sich die Wirbelsäule entlang hochzuwinden beginnt. Er dreht sich im Kreis um jeden einzelnen Wirbel. Dort, wo die Energie blockiert ist, kreist er immer wieder um diesen Bereich, bis dieser energetisch frei ist und der Strahl sich weiter nach oben winden kann. Sei mit deiner Aufmerksamkeit ganz dabei. Du wirst spüren, wo sich der Wasserstrahl gerade befindet. Lasse dir Zeit, bis er am letzten Halswirbel, dem Atlas (C1) unterhalb der Schädelbasis angelangt ist. Verweile dort und spüre, wie dein Kopf wie ein Ball auf einer Wasserfontäne schwebt.

So entspannst du diesen Bereich. Der Atlas sitzt oft schief und dadurch ist der Nackenbereich sehr verspannt, er trägt ja die ganze Last des Kopfes. (Atlas ist in der griechischen Mythologie der Riese, der die Weltkugel trägt.)

Wenn du spürst, dass sich der Kopf jetzt ganz leicht und schwebend anfühlt und du ihn leicht bewegen kannst, lenke den imaginären Wasserstrahl weiter durch deinen Kopf bis zur Fontanelle bzw. bis zum Kronenchakra. Aus diesem Chakra ergießt sich jetzt das Wasser wie ein Springbrunnen und umspült deinen Kopf und Körper. Lasse den Wasserstrahl immer wieder die Wirbelsäule hochsteigen, wiederhole diese Übung, bis du fühlst, dein Kanal ist gereinigt.

Kanäle zum Channeln wieder aktivieren und diese mit dem Herzen verbinden.

Meine Lieben, die Fähigkeit, mit euren höheren Ebenen zu kommunizieren, habt ihr alle. Ihr habt sie nur lange aus verschiedenen Gründen nicht genutzt. Oftmals seid ihr für eure geistige Verbindung als Hochstapler verurteilt worden. Durch die Verurteilung hat man euch klein gemacht, denn so groß, wie ihr wart, habt ihr nicht in das System der Unterordnung gepasst. Jetzt, da ihr bereit seid, diese Fähigkeiten wieder zu ergreifen und zu nutzen, ist es unabdingbar, dass ihr dies in der besten Absicht und in Verbindung mit eurem Herzen tut. Das bedeutet, dass ihr jetzt darum bitten dürft, dass eure Kanäle wieder mit euren Herzen verbunden werden.
Dies ist eine Einweihung aus der göttlichen Urquelle, die euch daran erinnert, dass ihr die Liebe Gottes in euch tragt.

Fühlt jetzt diese neue Verbindung und gebt euer Versprechen ab, eure Fähigkeiten ausschließlich zum höchsten Wohle aller zu nutzen.
(Channeling Hohes Selbst)

Vorbereitung zum Channeln

Bevor du mit dem Aufbau des Kanals für dein Channeling beginnst, formuliere deine Frage so konkret wie möglich und überlege, mit wem du in Kontakt treten möchtest.

Es ist so, als ob du mit deinem Handy eine Telefonnummer eingibst und jemanden anrufst. Er kann jetzt den Hörer abnehmen und sich melden oder auch nicht. Meistens wollen die aufgestiegenen Meister, Engel und andere geistige Wesen gerne mit uns in Kontakt treten. Du kannst dir vorstellen, dass sie mehrdimensional sind und mit mehreren gleichzeitig sprechen können.

Ich fand es am Anfang schwierig, ein Channeling zu beginnen. Besonders, wenn ich für andere channelte. Alles sollte genau richtig sein. Ich hatte Angst, Fehler zu machen und dem Klienten möglicherweise zu schaden. Angst blockiert natürlich den freien Fluss. Lass bitte diese Erwartung los. Warte nicht, vertraue und nimm den ersten Impuls auf, der dir in den Sinn kommt, egal, was es auch ist. Bewerte nicht, er ist richtig.

Wenn du weißt, was du wissen möchtest und mit wem du kommunizieren willst, beginne dich, wie bereits erklärt, mit der Erde zu verbinden. Ich fühle beim Erden einen Sog und ein leichtes Vibrieren, das nach unten zieht. Dabei warte ich solange, bis dies aufhört. Dann weiß ich, dass ich gut geerdet bin.

Den Kanal zum Channeln aufbauen

Über deinem Kopf reihen sich weitere Chakras nach oben, die sich wie eine Perlenschnur so weit in die Höhe winden, bis sie die Urzentralsonne erreichen. Stelle dir vor, dass du deinen Atem von ganz oben über deinen Kopf hereinziehst und ihn tief in die Erde hinein ausatmest. Von der Erde aus atmest du über das Steißbein, der Wirbelsäule entlang, über den Atlas, durch die Fontanelle den Kanal wieder hinauf, so weit nach oben, wie du es dir vorstellen kannst, und anschließend wieder hinunter, bis tief in die Erde. Atme mehrere Male auf und ab. Du verbindest dich so mit dem Himmel und der Erde, sodass du nun als Mittler zwischen ihnen fungierst.

Mit dem senkrechten Atem ist jetzt der Kanal aufgebaut.

Visualisiere jetzt dein persönliches Bild von der Vollkommenheit, um dich in eine höhere Schwingung zu versetzen.

Dich selbst zurücknehmen

Achte darauf, dass du dich in einem neutralen Zustand befindest und keine Emotionen von Wut oder Angst in dir toben.

Bitte darum, dass alles mit dem Verstand-kontrollieren-Wollen wegfallen darf.

Erwarte kein Ergebnis, lass alles offen. Wenn du dir ein bestimmtes Ergebnis wünschst, bist du nicht neutral.

Erlaube dir, Unverständliches in dir aufsteigen zu lassen. Gib dir selbst den Auftrag, dich mit deinem persönlichen, irdischen Bewusstsein zurückzunehmen.

Aura versiegeln

Erteile jetzt den geistigen Auftrag, deine Aura zu versiegeln.

Du kannst z. B. sagen:

»Ich versiegele jetzt meine Aura vor allen niederen Schwingungen und Energien und lasse nur die höchsten Liebes-, Heil- und Weisheitsenergien durch mich hindurchfließen. Ich bin reiner Kanal, ich channele in der Reinheit des göttlichen Bewusstseins und nur mit der lichtvollen geistigen Welt. Ich diene nur Gott und dem Licht zum Wohle aller.«

Persönliche Gedanken und Gefühle von den Engeln abholen lassen

Gib nun den Engeln den Auftrag, dass deine persönlichen Gedanken und Gefühle von ihnen abgeholt werden sollen. Bitte sie, dass sie deine Gedanken und persönlichen Gefühle an einen sicheren Ort bringen, denn sie haben jetzt Pause.

Torhüter bitten, aufzupassen

Zur Sicherheit: Damit sich keine unerwünschten Wesen in deinen Kanal einschmuggeln können, kannst du dir einen Torhüter über deinen Kopf setzen, indem du ein Geistwesen deiner Wahl bittest, deinen Kanal zu beschützen. Mein Torhüter ist Erzengel Michael.

Jetzt sprich deine Frage aus.

Warte entspannt auf die Antworten, die zu dir kommen.

Du kannst dein Channeling mit deinem Handy aufnehmen oder auch aufschreiben. Es ist zu schade, wenn wichtige Informationen verloren gehen. Oft entschlüsseln sich Channelings erst nach mehrmaligem Lesen. Die geistige Welt sagt mir auch immer wieder, dass mit dem Channeling auch Wortenergien übertragen werden. Das heißt, die Worte, die dir im Channeling gesagt werden, sollen möglichst so notiert werden, wie sie in dir aufsteigen, denn sie tragen und übertragen die Energien deines Channelings.

Am Anfang braucht das Channeln sehr viel Aufmerksamkeit und Energie. Am besten gelingt es, wenn du am Anfang immer ganz aufrecht sitzt und in guter Verfassung bist. Später, wenn du geübt bist und selber höher schwingst, wird es dir immer leichter fallen. Dann reicht der Auftrag, ein reiner Kanal sein zu wollen und damit Gott zu dienen, völlig aus.

Schritte zum Channeln
Kurzanleitung:

- Konkrete Frage formulieren und überlegen, wen du hören möchtest
- Erdung und Kanal aufbauen
- persönlichen Code visualisieren
- dich selbst zurücknehmen
- Versiegelung deiner Aura
- Höchste Energien einladen
- persönliche Gedanken und Gefühle abgeben
- Torhüter bitten, aufzupassen
- fragen, wer sich meldet, oder
- jemanden bestimmen und bitten, sich zu melden
- jetzt deine konkrete Frage stellen
- innere Impulse wahrnehmen und in Worte übersetzen, nicht überlegen, nur sprechen oder schreiben und vertrauen. Wenn dir etwas unklar ist, kannst du während des Channelns noch weitere Fragen stellen.

Aufgabe:

Wiederhole die Erdungsübung und erweitere sie jetzt mit der Reinigungsübung und dem Aufbau des Kanals.

Hole dein Heft hervor und schreibe intuitiv auf, was dir in den Sinn kommt. Es kann anfangs ein vollkommenes Durcheinander sein. Kontrolliere nichts. Das unkontrollierte Schreiben dient dir auf vielfältige Weise. Es hilft dir, deine Gedanken zu sortieren. Es werden jetzt dadurch neue Bahnen im Gehirn gelegt, die die Intuition mehr fließen lassen. Du kannst dir durch das Schreiben auf die Schliche kommen, was es in dir automatisch immer wieder denkt.

Alles Aufschreiben ist ein guter Weg, um später feststellen zu können, was du dir mit deinen Gedanken manifestierst.

Möglicherweise erkennst du dadurch, welche Glaubenssätze in dir wirken und welche Überzeugungen du über das Leben hegst. Du kannst so erkennen, was du verändern willst, um zu leben, wie du es wirklich möchtest.

Lektion 5

Das Unterscheidungsvermögen schärfen

Wann entspringen Impulse aus höheren Ebenen?
Wann spricht der Verstand, wann ist es Wunschdenken?
Wie kann ich das eine von dem anderen unterscheiden?
Was ist Wahrheit?

Das Unterscheidungsvermögen schärfen

Mein Hohes Selbst spricht:

Meine Liebe, das ist eine sehr wichtige und schwierige Frage. Fühle mal in dich hinein, jetzt, jetzt gerade! Was denkt es in dir?

Hm, ich denke, dass ich auf dich hören möchte, denn ich selber weiß nicht, was ich jetzt schreiben soll.

Du weißt es, denn du bist mit mir verbunden. Du brauchst dich nur auf mich auszurichten.

Das habe ich bereits getan, indem ich mich darauf eingestellt habe, von dir Informationen abzuholen.

Genau das ist es: Du brauchst dich nur auf mich einzustellen. Das, was du willst, geschieht dann automatisch. Das heißt, wenn du zweifelst, dann sind Zweifel in dir und du weißt nicht, was von deinem Hohen Selbst kommt und was nicht. Wenn du dir aber selbst vertraust, wirst du die höchsten Energien und Informationen bei dir anzapfen.

Du sagst das so einfach!

Es ist so einfach. Ihr wollt es immer nur kompliziert haben.

Ich kann mir doch ganz einfach auch etwas vormachen, z. B. hoffe ich, dass die Auseinandersetzung mit meinem Chef gut ausgeht.

Wenn du dies hoffst, ist das schon ganz gut. Wenn du glaubst, dass sie gut ausgeht, ist das noch besser. Und wenn du im Innern weißt, dass sie gut ausgeht, dann bist du bei mir angekommen. Dann ist dies die Wahrheit.

Wenn du etwas ganz klar in deinem Innern weißt, dann ist das richtig.

Fühle in dich hinein: Fühlt es sich wahr an? Gibt es Zweifel? Wenn etwas richtig ist, wirst du es in deinem Herzen fühlen können.

Dein Höheres Selbst sowie die geistige Welt halten sich an das Gesetz des freien Willens. Das heißt: Sie würden nie sagen, du müsstest dies oder das tun. Sie geben immer nur Empfehlungen. Dein Höheres Selbst ist ja dein eigenes Inneres und dies ist auf der hohen Ebene liebevoll. Es bestimmt dich nicht, es verurteilt dich nicht, es mischt sich nicht ungefragt in Dinge ein, wenn du nicht explizit danach fragst. Dies sind wichtige Kriterien, die du in deinem Channeling überprüfen kannst.

Wenn also ein: »Du musst« dich bedrängt, wenn du Vorschriften bekommst, was du tun oder lassen sollst, dann kommt dies nicht von deiner höchsten Ebene. Höre auf leise Impulse, die sich nicht sofort in den Vordergrund stellen. Werde ganz still, um sie zu hören. Sie sagen dir immer die Wahrheit. Ich mache dir nie Vorschriften. Ich kann dir nur Empfehlungen geben.

Stelle die richtigen Fragen, dann bekommst du die richtigen Antworten. Immer! Vorausgesetzt du bist bereit, die Wahrheit hören zu wollen.

Die Wahrheit
Channeling zur Wahrheit (Mein Höheres Selbst)

Du fragst nach der Wahrheit? Es gibt viele Wahrheiten, je nachdem, von welcher Seite eine Sache betrachtet wird. Stelle dir eine Schale mit Obst vor. Auf der einen Seite liegen Äpfel und auf der anderen Orangen. Wenn du von der Seite der Orangen auf die Schale schaust, könntest du meinen, es lägen hauptsächlich Orangen in der Schale. Schaust du von der Seite der Äpfel darauf, könntest du annehmen, es lägen fast nur Äpfel in der Schale. Wenn du von oben auf die Schale schaust, könntest du sehen, dass beide Sorten zu etwa gleichen Teilen in der Schale liegen. Das ist dann immer noch nicht die ganze Wahrheit.

Die Wahrheit, wie viele Äpfel und wie viele Orangen tatsächlich in der Schale liegen, erfährst du, wenn du die Orangen und Äpfel herausnimmst und sie zählst. Das wäre die Wahrheit. Diese würde eine Aussage darüber treffen, wie viele Obststücke in der Schale liegen. Das würde noch nichts darüber aussagen, ob die Äpfel besser oder gesünder wären als die Orangen.

Wenn du also nach der Menge fragst, erhältst du aus der Sicht von oben schon eine ungefähre Ahnung. Beim Zählen die genaue Menge. Wenn du nach dem Gesundheitseffekt fragst, könntest du oberflächlich eine falsche Information erhalten, wenn die Schadstoffe nicht untersucht würden.

Auch da müsstest du jetzt noch genauer nachfragen. Das meine ich mit den richtigen Fragen.

Du siehst hier, wie schwierig es ist, die ganze Wahrheit zu erkennen. Ich kann dir einen ganz anderen Überblick aus einer anderen Perspektive liefern:

Ich sehe die Schale mit den Augen der Liebe. Für mich sind Äpfel und Orangen gleichwertig. Ich könnte dir sagen, es sind ungefähr gleich viele in der Schale, wenn du nach der Menge fragst.

Auf die Frage, welche du essen sollst, würde ich sagen, ich würde dir die Orangen empfehlen, weil ich die Schadstoffe in den Äpfeln erahne. Du könntest mir glauben oder auch nicht, und du könntest essen, was du willst.

Dies zu den Beispielen. Ich möchte dich auffordern, dich darin zu üben, deine Wahrheit zu fühlen, zu sagen und zu leben, und zwar immer. Das ist für das Channeln eine technische und keine moralische Angelegenheit. Die Wahrheit zu sagen hilft dir, dich zu zeigen, wie du bist und wer du bist. Sie hilft dir, zu dir zu stehen. Du zeigst dich dann so, wie du bist, und jeder kann dich erkennen und sehen. So ziehst du auch die passenden Menschen an. Die Wahrheit zu sagen wird immer wichtiger, denn wenn ihr demnächst die Gedanken der anderen aufnehmen könnt, werden deren Gedanken sowieso sichtbar.

Wir können in Zukunft nichts mehr verbergen, weil wir nicht mehr lügen können.

Du kannst deine Wahrheit immer nur so aussprechen, wie du selbst etwas wahrnimmst.

Bemühe dich, so objektiv wie nur möglich zu sein. Beschönige nichts, dramatisiere nichts, schmücke die Situation nicht aus, damit sie etwas interessanter wird.

Wenn du eine Maus siehst, dann mache aus ihr keinen Elefanten! Übertreibe nicht! Dies ist eine sehr wichtige Übung. Sie hilft dir enorm beim Channeln, immer auf die Wahrheit ausgerichtet zu bleiben. So lassen sich Informationen aus deinem Innern auch wahrheitsgetreu übersetzen.

Werde dir darüber klar, dass du die Wahrheit auch hören willst!

(Manchmal willst du nämlich die Wahrheit nicht hören. Dein Ego will dann unbedingt eine Vorstellung durchsetzen. Z. B.: eine Beziehung mit einem bestimmten Menschen haben oder erhalten wollen …) Bekunde dann ausdrücklich, dass du auch in diesem Zusammenhang die Wahrheit hören möchtest, die Wahrheit zum Wohle aller. Prüfe innerlich, ob du zum jetzigen Zeitpunkt dazu auch wirklich bereit bist. Wenn nicht, bete, dass du demnächst dazu bereit sein wirst.

Aufgabe:

Überprüfe deine Channelings nach folgenden Kriterien:

Ist dein Channeling:

Mut machend, aufbauend, unterstützend, enthält es fühlbar Liebe, lässt das Channeling dir Wahlmöglichkeiten, hast du ein stimmiges Herzensgefühl, ist nichts Angstmachendes oder Einengendes darin, kein »du musst etwas tun« …

Wenn dein Channeling hochschwingend ist, findest du darin nur Empfehlungen, es mischt sich keiner ungefragt ein, es wird nichts verurteilt.

Eine sehr gute Methode ist es, während dieser Zeit ein Tagebuch zu führen, von dem du weißt, dass es keiner liest. Dort kannst du ganz ehrlich vor dir selber sein.

Trau dich!

Hier kannst du gut erkennen, wo es dir schwerfällt, dich mit deinen Schwächen anderen zu zeigen. Wenn du eine Schwäche gefunden hast, übe, zu ihr zu stehen. Verurteile dich nicht. Aus irgendeinem Grunde hast du sie gebraucht. Sie hat dich beschützt oder vor etwas bewahrt. Akzeptiere, dass du sie bis jetzt vor dir und vor anderen verborgen hast. Überprüfe, ob du sie jetzt noch brauchst oder ob sie losgelassen werden kann. Menschen sind nicht perfekt. Schwächen machen dich menschlich und auch sympathisch. Je mehr du zu dir stehst, desto selbstsicherer wirst du. Sei wachsam und bleib auf deiner eigenen Spur. Es lohnt sich!

II

Schwingung erhöhen
Eigene Themen klären

Lektion 6

Allgemeines zur Schwingungserhöhung für den physischen Körper

Um einen guten Kontakt zur Seele bzw. zu deiner Intuition herzustellen, ist es wichtig, Umstände, die diesen Kontakt erschweren oder gar behindern, so gut wie möglich aus deinem Leben auszuschalten.

Denn dies sind Umstände und Aktivitäten, die dir schaden, dich schwächen, dein Energieniveau senken.

Für einen guten Kontakt zu höheren Ebenen ist ein reiner Kanal in dir wichtig. Die Informationen, die du bekommst, sind immer so rein wie dein Kanal. Deshalb ist es wichtig, dich selbst möglichst rein und klar zu halten. Du kannst dir sicher sein, je hochschwingender die Informationen sind, die du bekommst, desto reiner ist dein Kanal, durch den sie fließen.

Ein Channeling hat immer auch seine persönliche Note. Jedes Medium channelt anders.

Der Weg zu einem immer reineren Kanal ist ein Prozess, in dem du deinen Empfang immer weiter verfeinerst. Dazu gehört nicht nur die Reinigung und Klärung auf der spirituellen Ebene, dein physischer Körper ist genauso wichtig.

Dein Körper

Dein Körper ist dein Haus, in dem du auf der Erde wohnst. Es ist das Gewand, in das deine Seele geschlüpft ist. Du bekommst erst ein neues, wenn du wiedergeboren wirst.

Solange dein Körper gut funktioniert und dir keine Probleme bereitet, neigst du dazu, ihn nicht sonderlich zu beachten.

Beginnt er mit Schmerzen oder Krankheiten auf sich aufmerksam zu machen, auf etwas zu reagieren, was in deinem

Leben schiefläuft, beginnst du allmählich, ihm Beachtung zu schenken.

Am besten ist es, wenn er gesund ist und bleibt, auch wenn du älter wirst. Dafür kannst du einiges tun. Du kannst ihn dir genauer ansehen und für dich entscheiden, wie du ihm Gutes tun kannst.

Stelle dich vor einen Spiegel.

Schau deinem Spiegelbild, dir selbst, in die Augen und frage ihn, deinen Körper:

»Was brauchst du, mein Körper, jetzt? Wo habe ich gesündigt, dich übergangen oder gar verraten?«

Schau dir in die Augen und spüre in dich hinein. Wenn du bemerkst, was deinem Körperwesen fehlt, dann sorge dafür, dass es dies bekommt.

Eine liebevolle Pflege

Die Haut ist das größte Organ und alles, was auf die Haut kommt, gelangt über sie in deinen Körper. Achte darauf, dass du keine Cremes, Sprays usw. auf deine Haut aufträgst, die Substanzen enthalten, die dir schaden.

Bewegung

Je nach Konstitutionstyp ist dies völlig unterschiedlich. Manche Menschen benötigen sehr viel Bewegung, um sich wohl zu fühlen, andere weniger.

Fühle in dich hinein und finde heraus, was für dich stimmt:

Hast du in deinem Beruf ausreichend Bewegungsmöglichkeit?

Was kannst du tun, um dein Bewegungsbedürfnis auszugleichen?

Passt Sport für dich? Wenn ja, welcher?

Anspannung und Entspannung

Beobachte die Natur: In der Natur gibt es Zeiten des Rückzugs und der Wiederkehr. Es gibt Kargheit und Fülle, Vollmond und Neumond, Ebbe und Flut.

Achte auf Zeiten der Ruhe zwischen deinen Aktivitäten. Dein Kopf und dein Körper brauchen auch Zeiten der Kargheit. In unserer hektischen und reizüberfluteten Gesellschaft sind Zeiten der Leere und des Nichtstuns sehr heilsam. Viel frische Luft und Aufenthalte in der Natur bringen uns in die Ruhe und zu uns selbst zurück.

Abhängigkeiten:

Fernsehen, Computerspiele, Partys, Sex, Beziehungen, die keine sind, zu wenig oder zu viel Schlaf, zu viel Arbeit, zu viel Essen … sind Ablenkungen und können abhängig machen. Abhängig zu sein bedeutet, nicht in der Lage zu sein, selbständig einen Stopp zu setzen.

Du bist der Chef in deinem Leben, nicht die Ablenkungen. Probiere aus und beobachte, was dir guttut, was dich energetisch auflädt oder was dich träge und müde werden lässt, und sei danach konsequent!

Beobachte deine Essgewohnheiten.

Probiere und nimm wahr, was dir gut bekommt.

Schön ist es, wenn du dich morgens und mittags so ernährst, dass du dich energetisch aufgeladen fühlst. Abends, wenn du dich gemütlich hinsetzen möchtest oder auch schlafen gehen willst, kann auch etwas schwerer Verdauliches gegessen werden, das dich müde werden lässt.

Überprüfe den Satz für dich, dass man abends nicht essen sollte, weil es dick macht oder weil man dann nicht schlafen kann.

Notiere, wann du dich (nach dem Essen) mit Energie versorgt fühlst. Nach welchem Essen fühlst du dich müde und schlapp?

Beides kann zum entsprechenden Zeitpunkt gut und richtig sein. Höre auf dich!

Übernimm keine fertigen Konzepte.

Konzepte sind veraltet, sie sind zu allgemein und gehören zur alten Energie.

Das Sprichwort »Iss morgens wie ein Kaiser, mittags wie ein König und abends wie ein Bettler« trifft möglicherweise gar nicht auf dich zu.

Spüre, worauf du wirklich Lust hast. Registriere, ob du überhaupt Hunger hast oder nur aus Gewohnheit isst.

Du könntest beispielsweise ausprobieren, morgens erst einmal nur etwas zu trinken.

Es ist empfehlenswert, Gesundes und Frisches zu essen. Aber wenn die Lust auf etwas »Ungesundes« einmal größer ist, würdest du dir mehr schaden, wenn du zu streng mit dir wärst.

Natürlich ist gar keine Disziplin genauso schädlich wie eine zu strenge. Die Balance ist immer die Lösung.

Wenn du feststellst, dass du oft undiszipliniert bist, z. B. zu viel Süßes isst und merkst, dass dir das in diesen Mengen gar nicht gut bekommt, könnte dein unglückliches Inneres Kind dahinterstecken. Dein Inneres Kind, dessen Bedürfnisse nicht erfüllt und gesehen werden, tröstet sich dann gerade mit viel Süßigkeiten, Alkohol, Zigaretten oder mit Pasta …

Es ist wichtig, solche Attacken tatsächlich erst einmal zu registrieren, um dann innezuhalten und in sich hinein zu spüren:

- Was fehlt mir jetzt gerade wirklich?
- Was ist der Auslöser für diese Attacke?

Begrenze dein tobendes Inneres Kind und gib ihm die Aufmerksamkeit und Liebe, die es jetzt anstatt des Suchtmittels benötigt. Es ist wichtig, dir dafür ausreichend Zeit zu nehmen und in dich hinein zu spüren. Kinder brauchen und wollen Grenzen.

Was für dich gesund und stimmig ist und was nicht, lässt sich nicht durch Trends festsetzen oder definieren. Es gibt heute viele Richtungen in der Ernährung, die alle etwas für sich haben: Vegan, Vegetarisch, Instinktiv, Rohkost usw. … Was das Bekömmlichste für dich ist, musst du selbst herausfinden.

Im Allgemeinen kann ich sagen, dass der Verzehr von zu viel Fleisch ungesund ist.

Achte beim Kauf von Fleisch darauf, um welche Qualität es sich handelt. Du nimmst generell immer alle Informationen von der Nahrung über deren Verzehr in dich auf.

In meinem Tier-Channeling sagten die Tiere, dass sie uns dienen. Frage dich, ob du mit dem Genuss von Fleisch dazu beitragen möchtest, dass Tiere unwürdig gehalten werden.

Auch Obst und Gemüse werden während ihres Wachstums meist mehrmals mit Pestiziden behandelt. Überlege und spüre in dich hinein, was du da kaufen willst oder was du gerade isst!

Der Nährstoff- und Mineralgehalt in unserem Essen hat rapide abgenommen. Viele Früchte haben niemals die Sonne gesehen, sondern sind in Gewächshäusern auf schlechten Böden lediglich durch Nährstofflösungen gewachsen.

Wir müssen mittlerweile tatsächlich sogar Nährstoffe in Form von Vitaminen und Mineralstoffen ergänzen. Das ist traurig aber wahr.

Informiere dich über Nahrungsergänzungsmittel. Schön wäre ein eigener Garten mit selbst angebautem Gemüse und Obst.

Wende dich immer wieder der Natur zu. Je natürlicher und einfacher deine Nahrung ist, desto reiner und gehaltvoller ist sie.

Beruf und Berufung

In den Worten ist der Ruf enthalten. Es ist das Wichtigste in deinem Leben, dass du den Ruf deiner Seele hörst und ihm dann folgst. Es stellen sich in deinem Leben immer wieder folgende Fragen:

Was kann ich gut?
Was bereitet mir Freude?
Was sind meine Ideale?
Wie kann ich helfen, die Welt ein wenig schöner und liebevoller zu gestalten?
Bin ich bereit, dem Ruf zu folgen, wenn ich die innere Stimme höre?

Bringe dich in die Welt ein. Gefragt bist du, nur du, mit all deinen Vorstellungen und Ideen, mit deinen Werten und Idealen, mit deinem So-Sein, wie du bist!

Manchmal braucht es Umwege, bis du den richtigen Weg für dich findest.

Vielleicht musst du erst einmal herausfinden, was du nicht willst, um dann zu erkennen, was du willst. Manchmal brauchst du dich nur dafür zu entscheiden, deine Sache gerne zu tun.

Sei ehrlich zu dir, wenn du erkennst, dass das, was du beruflich tust, keinem guten Zweck dient, dass der Beruf dich nicht ausfüllt, dass du dich darin nicht wiedererkennst, wenn du Menschen ausbeuten, betrügen oder sogar belügen sollst. Stehe dann zu dir und habe den Mut zu sagen, was dir nicht gefällt. Wenn es sich nicht ändern lässt, dann handle und überlege, was besser zu dir passt.

Liebe es, lasse es oder verändere es!

Du hast diese Möglichkeiten.

Ein Arbeitsplatz, der nicht zu dir passt, kostet dich enorm viel Kraft. In der neuen Zeit geht es nicht mehr darum, dass du nur arbeitest, um Geld zu verdienen; dass du nur wartest, bis endlich das Wochenende oder der Urlaub da sind, damit du wieder leben kannst. Im Aushalten vergeudest du sehr viel Lebenszeit.

Wenn du bei allem, was du tust, nicht mit deinem Herzen dabei bist, ist die Arbeit wertlos und wird auf Dauer auch nicht den Erfolg bringen können, den du dir wünschst. Deine Schwingung bleibt dort niedrig und du wirst auf Dauer krank. Glück und Zufriedenheit findest du nur über sinnerfülltes Tun. Du bist hier, um deinen individuellen Beitrag in der Arbeitswelt zu leisten.

Sei mutig, folge deinem Herzen! Fehler gehören zu deinem Lebensweg. Aus ihnen kannst du am schnellsten lernen. Sei kreativ; deine Ideen und Talente werden gebraucht. Sie gehören in die Welt. Gib sie der Welt! Das ist das Größte, was du tun kannst, denn du bist hier, um dich mit deinen Gaben der Welt zu schenken.

Liebe deinen Körper!

Wenn du erkennst, dass du mit dem göttlichen Funken eins bist, wenn du erkennst, dass du nicht von Gott getrennt bist, dann weißt du, dass du richtig und vollkommen bist. Du bist eine göttliche Seele in einem vollkommenen Körper.

Sieh dich in deiner schönsten und besten Version, um dich zu erinnern, wer du bist, wer du einmal warst und wer du wieder sein willst.

Dies wird dir helfen, zu dir selbst zurückzufinden. Vielleicht braucht es dafür eine längere Zeit des Alleinseins, (des ALL-EINS-SEINS), um wieder zu Selbstliebe und Selbstvertrauen zu finden. Wenn du dich in deinem Körper wohl fühlst, dann sorgst du gut für ihn und lässt dich nicht gehen. Du hast Kontrolle über deine Süchte, kennst deine Grenzen und kannst sie setzen.

Es ist wichtig, dass du deinen Körper achtest und dich darin wohlfühlst, denn er ist das zu Hause für deine Seele. Ohne deinen Körper könnte deine Seele keine Erfahrungen auf dieser Erde machen. Also pflege und achte ihn.

Übung:

Richte deine Aufmerksamkeit auf deinen Körper. Beobachte, wie du ihn behandelst. Akzeptiere, wie du mit ihm umgehst. Wenn du in bestimmten Bereichen noch nicht optimal agierst, akzeptiere dies. Es ist sicher aus einem bestimmten Grund so. Wenn du dein Bewusstsein liebevoll auf deinen Körper lenkst, kannst du anfangen, ihn achtsamer und behutsamer zu behandeln.

Lektion 7

Schwingungserhöhung durch Gebete

Das Gebet

Ein Gebet ist die uralte Form des Gespräches mit Gott, der Quelle, der Liebe. Ich möchte hier einiges reformieren.

In schweren Zeiten haben die Menschen immer wieder gebetet und sich an Gott erinnert. Es war schön, an eine höhere Macht zu glauben, die alles wieder gut machen konnte.

Wenn die Menschen zu mir, Gott, gebetet haben, dann hatten sie die Vorstellung von einem externen Gott, der irgendwo im Himmel weilte und auf sie herabschaute. Sie dachten, wenn sie nur genug und inbrünstig aus ganzem Herzen beteten, würde Gott mit ihnen Erbarmen haben und sie anhören. Sie meinten, wenn sie würdig genug wären, dann würde Gott ihnen auch helfen. Es lag an seiner Gnade und stand in seiner Macht, ob er half oder nicht.

Ich möchte dir jetzt sagen, dass Gebete immer eine ganz große Kraft haben.

Diese Kraft kommt jedoch nicht von außen, von irgendeinem Gott dort oben, sie kommt aus dir selbst.

Es ist der Gott in dir, das höhere Bewusstsein, das Höhere Selbst, deine Liebesfähigkeit. Sie existiert in dir, genauso wie sie außerhalb von dir existiert. Sie ist einfach überall, denn Gott ist in allem anwesend. Du darfst dich daran erinnern, dass diese Kraft in dir wohnt. Es ist die Flamme Gottes, der Funke, der in jeder beseelten Materie ist.

So richtest du im Gebet deine Bitte an dich selbst. Mit dieser Bitte richtest du dich aus. Du setzt den Fokus auf das, was du möchtest. Das wiederholende Rezitieren von Mantras und Gebeten beruhigt deinen Geist und öffnet ihn für das Bewusstsein der Liebe in dir.

Jedes Wort hat eine bestimmte Schwingung. Diese Schwingungen werden gerade durch das laute Sprechen aktiviert.

Es gibt Worte, wie z. B. »OM« oder »Jesus« oder »Liebe«, die besonders hoch schwingen. So sind gute und starke Gebete eine wunderbare Möglichkeit, dich in eine höhere Schwingung zu versetzen. Gebete, die viel und oft gesprochen wurden und werden, sind energetisch hoch aufgeladen. Dieses Wissen darfst du nutzen.

(Channeling Hohes Selbst)

Das Gebetsritual:

Um die Wirkung und die Kraft der Gebete zu unterstützen, habe ich immer einen besonderen Platz dafür vorbereitet:

Besorge dir vierzehn weiße Kerzen, es können auch Teelichter sein. Stelle sie auf ein Tablett. Die vierzehn Kerzen stehen für die vierzehn Nothelferengel, die dir sofort zu Hilfe eilen, wenn du sie rufst. Besorge für dich selbst eine Kerze in einer anderen Farbe, die gerade für dich oder denjenigen steht, für den du beten willst. Wenn du magst, kaufe dir Blumen. Zünde eine Duftlampe an, du kannst auch leise schöne Musik laufen lassen. Wenn du für eine bestimmte Person beten möchtest, stelle ein Bild von ihr dazu. Gerne ermuntere ich dich, zuerst für dich selbst zu beten. Was ist dir gerade am Wichtigsten?

Es ist sehr zu empfehlen, ein eigenes Gebet zu schreiben. Es ist schön, wenn darin eine Danksagung und deine Bitten und Herzenswünsche enthalten sind. Achte darauf, dass du sie so formulierst, dass sie genau das ausdrücken, was du willst und nicht das, was du nicht willst.

Zünde die vierzehn weißen Kerzen für die Nothelferengel und die farbige Kerze für dich an.

Du kannst das Ritual jetzt mit dem ersten Gebet eröffnen. Es wurde mir von den Nothelferengeln übermittelt. Bete nun ein Gebet neunmal oder nimm alle neun Gebete und sprich diese je einmal. Du kannst immer auch eines durch ein selbstgeschriebenes oder gechanneltes Gebet austauschen. Zwischen den Gebeten kannst du mit Gott sprechen. Sage ihm alles, was auf deinem Herzen liegt. Sei während der gesamten Zeit mit deiner ganzen Aufmerksamkeit und deinem Gefühl anwesend.

Ich muss oft vor Rührung weinen, auch schon, wenn ich erst drei oder vier Gebete gesprochen habe, weil die Liebe, die ich spüre, so stark und so groß ist. Wenn du neunmal die Gebete gesprochen und Gott alles gesagt hast, was dir wichtig ist, kannst du dich bedanken und das Ritual beenden.

Wiederhole dieses Ritual nun 21 Tage lang. Mit der Zahl 21 schließt sich ein Zyklus. Verlängere die Gebetsreihe, wenn du einen Tag aus Zeitgründen ausfallen lassen musst.

Gebete wirken immer – auch ohne Ritual. Mache es so, wie es für dich stimmig ist. Mir hat dieses Ritual in schwierigen Zeiten immer sehr geholfen.

Das folgende Gebet eignet sich für besonders eilige und dringende Anliegen.

Channeling

An die Engelfeuerwehr

Geliebte Engelfeuerwehr,
lösche so schnell wie möglich
die ausufernden Brände im Außen, sowie die in mir,
denn alles, was ich sehe,
spielt sich in Wirklichkeit in mir ab.
Ihr Engel der Engelfeuerwehr,
lasst die Wasser der Liebe über alles fließen,
schnell, hilfreich und gut.
Fügt dem Wasser ein vertrauensvolles
Lösungsmittel hinzu,
um meine Verhärtungen aufzuweichen,
damit ich weinen und alles damit fortspülen kann,

was so hart und schwer in meiner Realität erscheint.
Helft mir, das Harte und Schwere zu zerlieben, bis es zu flüssigem Gold wird,
das in den Strom Gottes fließt.
Dorthin,
wo sich alle Ströme in der ALL-Liebe vereinen.
So sei es, so wie es Gottes Wille ist.

(Channeling Hohes Selbst)

Beten heißt Bitten. Mit dem Bitten richtest du dich auf das aus, was in dein Leben kommen soll. Dein innerstes Selbst nimmt diesen Auftrag sofort an und beginnt nach Lösungsmöglichkeiten zu suchen. Es ist eine wunderbare Art, mit Hilfe von Gebeten zu manifestieren.

Bitten können sich folgendermaßen anhören:

Großer Gott, Unendliche Quelle,

- bitte zeige mir, wie ich mit meinen Kollegen in Frieden arbeiten kann.
- Zeige mir, wie ich meinem Vater vergebe.
- Bitte hilf mir, eine wunderbare Beziehung zu meinem Kind aufzubauen.
- Zeige mir, was mein Körper braucht, um sich wohl zu fühlen.
- Bitte führe mich. Alleine weiß ich es nicht. Bitte zeige mir die Wege.
- Ich vertraue den Möglichkeiten, die du mir zeigst.
- Ich vertraue darauf, dass sich alles zu meinem besten Wohle fügt.

Beginne, nach innen zu lauschen, vielleicht kommen spontane Antworten.

Wenn ich nicht bekomme, was ich möchte, werde ich das bekommen, was noch besser für mich ist, denn du, das Höhere Selbst, du meine Seele, weißt, was für mich das Beste ist.

Du kannst dir selbst ein Lieblingsgebet aussuchen, mit dem du dich in eine höhere Schwingung begibst. Irgendwann merkst du, dass sich durch die Liebe dein Herz öffnet.

Wenn du dich mit den Gebeten in die Liebesenergie eingeschwungen hast, kannst du beginnen, deine Bitten an Gott und die Nothelferengel zu richten.

Sprich so, wie es aus deinem Herzen fließt. Erzähle Gott und den Engeln von all deinem Kummer, von allem, was dich bedrückt. Sag, was dir sehr am Herzen liegt, halte nichts zurück. Vertraue darauf, dass du bekommst, um was du bittest.

Ich gebe dir im Folgenden neun Gebete an die Hand, die ich selbst oft gesprochen habe und die sehr wirkungsvoll sind.

Erstes Gebet
Das Hohelied der Liebe

Wenn ich mit Menschen und mit Engelszungen redete
und hätte die Liebe nicht,
so wäre ich ein tönendes Erz oder eine klingende Schelle.

Und wenn ich prophetisch reden könnte
und wüsste alle Geheimnisse und alle Erkenntnis
und hätte allen Glauben, sodass ich Berge versetzen könnte,
und hätte die Liebe nicht,
so wäre ich nichts.

Und wenn ich alle meine Habe den Armen gäbe
und ließe meinen Leib verbrennen
und hätte die Liebe nicht,
so wäre mir's nichts nütze.

Die Liebe ist langmütig und freundlich,
die Liebe eifert nicht,
die Liebe treibt nicht Mutwillen,
sie bläht sich nicht auf, sie verhält sich nicht ungehörig,
sie sucht nicht das Ihre,

sie lässt sich nicht erbitten,
sie rechnet das Böse nicht zu,
sie freut sich nicht über Ungerechtigkeit,
sie freut sich aber an der Wahrheit;
sie erträgt alles, sie glaubt alles, sie hofft alles, sie duldet alles.
Die Liebe hört niemals auf, wo doch das prophetische Reden aufhören wird
und das Zungenreden aufhören wird
und die Erkenntnis aufhören wird.
Denn unser Wissen ist Stückwerk,

und unser prophetisches Reden ist Stückwerk.
Wenn aber kommen wird das Vollkommene,
so wird das Stückwerk aufhören.
Als ich ein Kind war, da redete ich wie ein Kind
und dachte wie ein Kind und war klug wie ein Kind.

Als ich aber ein Mann /eine Frau wurde, tat ich ab, was kindlich war. Wir sehen jetzt durch einen Spiegel ein dunkles Bild; dann aber von Angesicht zu Angesicht.

Jetzt erkenne ich stückweise, dann aber werde ich erkennen,
wie ich erkannt bin.
Nun aber bleiben Glaube, Hoffnung, Liebe,
diese drei.
Aber die Liebe ist die Größte von Allem.

(Korinther 13)

Zweites Gebet
Das Vaterunser

Vater unser im Himmel
geheiligt werde dein Name.
Dein Reich komme.
Dein Wille geschehe,
wie im Himmel, so auf Erden.
Unser tägliches Brot gib uns heute.
Und vergib uns unsere Schuld,
wie auch wir vergeben unsern Schuldigern.
Und führe uns nicht in Versuchung,
sondern erlöse uns von dem Bösen.
Denn dein ist das Reich
und die Kraft und die Herrlichkeit
in Ewigkeit. Amen.

(Matthäusevangelium 6, 9-13)

Drittes Gebet
Friedensgebet

Herr, mach mich zum Werkzeug Deines Friedens,
dass ich liebe, wo man hasst;
dass ich verzeihe, wo man beleidigt;
dass ich verbinde, wo Streit ist.

Herr, mach mich zum Werkzeug Deines Friedens,
dass ich die Wahrheit sage, wo Irrtum ist;

dass ich Glauben bringe, wo der Zweifel droht;
dass ich Hoffnung wecke, wo Verzweiflung quält.
Herr, mach mich zum Werkzeug Deines Friedens,
dass ich Licht anzünde, wo Finsternis regiert;
dass ich Freude bringe, wo der Kummer wohnt.

Herr, lass mich trachten,
nicht, dass ich getröstet werde, sondern dass ich tröste.
Herr, lass mich trachten,
nicht, dass ich verstanden werde, sondern dass ich verstehe.
Herr, lass mich trachten,
nicht, dass ich geliebt werde, sondern dass ich liebe.
Denn wer sich hingibt, der empfängt;
wer sich selbst vergisst, der findet.
Wer verzeiht, dem wird verziehen
und wer stirbt, der erwacht zum ewigen Leben.

(Franz von Assisi)

Viertes Gebet
Der gute Hirt

Der Herr ist mein Hirte,
nichts wird mir fehlen.
Er lagert mich auf grünen Auen
und führt mich zum Rastplatz am Wasser.
Er stillt mein Verlangen;
er leitet mich auf rechten Pfaden,
treu seinem Namen.

Muss ich auch wandern in finsterer Schlucht, ich fürchte kein Unheil;
denn Du bist bei mir,
Dein Stock und Dein Stab geben mir Zuversicht.
Du deckst mir den Tisch
vor den Augen meiner Feinde.
Du salbst mein Haupt mit Öl,
Du füllst mir reichlich den Becher.

Lauter Güte und Huld werden mir folgen,
mein Leben lang
und im Haus des Herrn darf ich wohnen immerdar.

(Psalm 23)

Fünftes Gebet
Spirituelle Meisterschaft

Göttlicher Vater, göttliche Mutter,

hilf mir zu spüren, dass ich eins mit Dir bin,
wie auch mit meinen Brüdern und Schwestern.

Hilf mir, meine Urteile zu erkennen
und anzustreben, sie in mir zu korrigieren.
Hilf mir, Scham und Groll aufzugeben
und aus meinen Irrtümern zu lernen,
damit ich sie nicht wiederhole.

Hilf mir, für meinen Körper, meine Familie,
meine Gemeinschaft und meinen Planeten zu sorgen.
Hilf mir, das zu erschaffen,

was dem Höchsten in mir ebenso dient

wie dem Höchsten in anderen.

Hilf mir, für meine Schöpfungen verantwortlich zu sein.
Hilf mir, mein Opferbewusstsein aufzugeben
und zu erkennen, dass ich machtvoll bin
und viele Möglichkeiten habe.

Hilf mir, liebevoll zu mir zu stehen,

ohne andere anzugreifen oder zu versuchen,
ihre Entscheidungen zu beeinflussen.

Hilf mir, anderen Menschen Freiheit zu gewähren, damit
ich selbst Freiheit empfangen kann.

Hilf mir, mitfühlend auf all jene zuzugehen,
die unter Schmerz, Trauer, Stress oder anderen Einschränk-

ungen leiden
und ihnen Hoffnung und Ermutigung zu bieten.

Erlaube mir, ihnen mein Herz zu öffnen.
Erlaube mir, Verhaltensweisen zu durchschauen,

die auf Angst und Gefühlen der Unwürdigkeit basieren.

Möge ich anderen und mir selbst

die bedingungslose Liebe und Annahme weitergeben, die du mir schenkst.
Hilf mir, meine Fähigkeiten und Talente zu meistern,
auf dass ich sie in Deinen Dienst stellen
und meinen Lebenszweck auf Erden erfüllen möge.

Hilf mir, die Rolle auszufüllen, die Du mir zugedacht hast,
um andere zu inspirieren, zu bestärken und aufzurichten.

Hilf mir, meinen Gaben zu vertrauen
und sie ohne Aussicht auf Gegenleistung zu verschenken,
wann immer sich eine Möglichkeit zeigt.

Hilf mir, großzügig zu geben und zu lieben,
und das Resultat Dir zu überlassen.

Hilf mir, mein Kontrollbedürfnis loszulassen,
sodass ich spontan leben kann in Deiner Gnade.
(…)
Danke

(Paul Ferrini)

Sechstes Gebet
Anrufung des silbernen Strahls

Ich bitte die Elohim
des silbernen Strahls
Göttliche Gnade durch meinen Körper
fließen zu lassen.

Ich bitte die Elohim
des silbernen Strahls
alle karmischen Muster und
alle Nischen des Grolls aufzulösen,
damit ich Freude erlebe.

Ich bitte die Elohim der Gnade,
mich mit Vergebung zu erfüllen,
mein Leben mit Dankbarkeit zu durchfluten
und mein Herz frohlocken zu lassen.

Ich bitte die Elohim
des silbernen Strahls,
meine unwichtigen Bindungen zu lösen,
meine Fesseln des Hasses zu brechen
und meine Seele zu befreien.
Ich bitte die Elohim der Gnade,
mich mit Lebensfreude zu erfüllen. Jetzt!

(Reindjen Anselmi)

Bei diesem Gebet kannst du fühlen, wie der silberne Regen all deine Zellen reinigt.
Du kannst dir vorstellen, wie dir geholfen wird zu vergeben.

Hier noch ein von mir gechanneltes Gebet das die Teilnehmer gerne gebetet haben:

Siebtes Gebet
Ich trete nun meinen Heimweg an

Ich trete nun meinen Heimweg an,
meinen ureigenen Heimweg zu mir,
nur zu mir,
ganz und gar zu mir nach Hause zu kommen, endlich anzukommen,
heimzukommen, ganz bei mir,
in meinem Herzen, in meiner Seele.
Ich bitte dich, göttliche Quelle,
durchflute mich mit deinem Licht, mit deiner Liebe.

Ich bin bereit, alles in mich aufzunehmen
und anzunehmen, und diese Liebe
in meinem Herzen zu bewegen

und wieder aus meinem Herzen in die ganze Welt
hinausströmen zu lassen auf alle und alles,
was der Liebe bedarf.

Ich vertraue der göttlichen Quelle,

dass die Liebe dorthin fließt,
wo sie am meisten gebraucht wird:
Zu den Menschen, die im Schmerz erstarrt und erfroren sind,
zu den großen Wunden unserer geliebten Mutter Erde
und zu allen, die guten Willens sind.

So öffne ich mein Herz,
um die unendliche Liebe in mir einzuatmen,
in meinem Herzen zu bewegen

und mit dem Ausatmen wieder an die Welt abzugeben,
diese Liebe fließen zu lassen in dem Vertrauen,
dass sie dort, wo sie so sehr gebraucht wird,
hingeführt wird.

So sei es, so wie es Gottes Wille ist.

(Channeling Jesus Christus)

Achtes Gebet
Hier ist noch ein hochschwingendes Gebet von Engeln

Vater,
Engelwesen fließen,
von Deinem Glanz durchstrahlt,
durch Raum und Zeit
und preisen Deine Herrlichkeit.

Sie streuen Frieden aus und Stille,
Mut und Trost in Fülle.
Sie lehren Deine Liebe uns,
und dass wir ewig sind.

Vater,
Engelwesen fließen,
von Deinem Glanz durchstrahlt,
durch Raum und Zeit.
Ich preis mit ihnen
Deine Herrlichkeit.

(aus: »Mit Engeln beten« von Silvia Wallimann)

Hier ist noch ein persönliches Gebet, das ich für mich gechannelt habe. Die Quelle sagt, die meisten von uns dürfen es verwenden und dann nach Belieben Persönliches hinzufügen.

Neuntes Gebet
Quelle allen Seins

Ich komme zu Dir mit meinem So-Sein
und bitte Dich, alles reinzuwaschen,

was nicht der bedingungslosen Liebe dient.
Ich bin von Tag zu Tag mehr und mehr bereit,
das Licht meiner Seele in alle Zellstrukturen
meines Körpers fließen zu lassen
sowie in alle energetischen Körper,
sodass alles von der göttlichen Liebe durchflutet wird.

Ich bin bereit, mich mehr und mehr
für die Wahrheit zu öffnen,
die mich täglich und stündlich
weiter zu meiner Göttlichkeit zurückführt.
Ich bin bereit, mich von der Vergangenheit und der Zukunft zu lösen
und mehr und mehr im gegenwärtigen Moment anzukommen,
in dem alles existiert.

Ich erkenne immer mehr,
dass ich mit allem verbunden bin
und nichts isoliert existiert.

Da ich alles bin, bin ich bereit,
mich in allem zu erkennen,
alles anzunehmen und zu lieben.
So gelange ich von Erkenntnis zu Erkenntnis
zu grenzenlosem Bewusstsein,
das eingebettet ist in ewigem Frieden und ewiger Liebe.
So ist es,
So,
wie es der Wille meiner Seele und Gottes Wille ist.

(Channeling Gott, Quelle allen Seins)

Beende das Kerzen-/Gebets-Ritual mit einer Danksagung. Du kannst alles so variieren, wie du es für richtig hältst. Die festen Vorgaben sind Hilfestellungen. Für Geübte braucht es dieses Ritual in dieser Länge nicht mehr. Sie können sich mit einem einzigen Gedanken, mit einer Bitte, ganz aus dem Herzen gesprochen, direkt in eine höhere Schwingung versetzen.

Es gibt viele weitere Möglichkeiten, sich in höhere Frequenzen zu schwingen. Gebete sind nur eine Möglichkeit. Du kannst dir z. B. auch gute Musik anhören. Du kannst Mantras singen oder auch Solfeggio-Frequenzen hören, am besten solche, die dich sofort ansprechen.

Du kannst dich in eine wundervolle Landschaft vertiefen. Du kannst malen, singen, tanzen und lieben. Es gibt ganz wundervolle Bilder, die du dir anschauen kannst, die Resonanz mit dem Kern deines Wesens haben. Durch all diese Dinge, die dich direkt ansprechen und glücklich machen, schwingst du dich unmittelbar zu deiner Seele empor und hast immer Zugang zu deiner Göttlichkeit und deiner Schöpferkraft.

Lektion 8

Zeitreise durch dein Leben
Schwingungserhöhung durch Biografie-Arbeit

In der kosmischen Wirklichkeit geschehen alle Dinge im JETZT.

Wir Menschen halten uns gerne an die Chronologie der Zeit, um uns in unserem System besser zurechtzufinden.

Wenn wir heute auf ein Problem stoßen, dann ist es hier und jetzt da. Es ist real und wir können uns jetzt damit auseinandersetzen und es jetzt lösen. So ist das immer, auch wenn uns alte Konditionierungen aus der Kindheit oder aus vergangenen Leben einholen. Alles ist im Jetzt, in diesem Moment vorhanden: Die Vergangenheit, die Zukunft, die Gegenwart. Alles ist jetzt.

Du kannst es dir so vorstellen wie einen Film im Fernseher, den du dir gerade anschaust. Das Ende ist bereits vorhanden, du hast es nur noch nicht gesehen. Parallel gibt es noch viele Filme auf verschiedenen Kanälen und du kannst wählen, ob du dir einen davon ansiehst oder nicht. Sie sind alle da. Es gibt Filme, die erst in der Zukunft gedreht werden, die gibt es jetzt konkret noch nicht. Diese kennen wir noch nicht. Sie entstehen aus den Erlebnissen, Erkenntnissen, Erfahrungen, Ideen und Gedanken-Konstrukten, die die Filmemacher zu diesem Film veranlassen. Das ist noch ungeschriebene Zukunft. Trotzdem ist sie im Jetzt vorhanden bzw. angelegt.

In dieser Übungseinheit lade ich dich ein, dein Leben aus der Vogelperspektive zu betrachten und eine Bestandsaufnahme vorzunehmen. Sie soll dir einen größeren Überblick über dein Leben verschaffen. Danach lade ich dich ein, Zeitreisen durch dein Leben zu unternehmen. So kannst du besser erkennen, wohin dich dein Leben führen will. Du kannst durch eine distanziertere Perspektive neutraler schauen und auch innere Zusammenhänge besser erkennen.

Übung:
Bestandsaufnahme deines jetzigen Lebens

Erde dich, reinige deinen Kanal und stelle die Channel-Verbindung her, so wie es in Lektion 4 beschrieben ist. Dann bitte dein Hohes Selbst:

»Bitte zeig mir mein jetziges Leben aus der Vogelperspektive. Zeig mir, was ich aus meiner begrenzten Sichtweise nicht sehen kann: Z. B.: Im Bereich meiner Partnerschaft, im Bereich meines Berufes, im Bereich meiner Freundschaften, im Bereich meiner Familie usw. ... Steige innerlich in die Luft wie ein Adler. Er sieht alles!«

Schreibe auf, was du während deiner Reise erlebst. Wenn du deine momentane Situation aus der höheren Warte betrachtet hast, ziehe Bilanz.

- Was läuft gut in deinem Leben?
- Was gefällt dir nicht?
- Wo sind Schwierigkeiten?

Für die nächste Zeitreise kannst du um ein Rückwärtsspulen deines Lebens bitten.

»Liebes Hohes Selbst, führe mich rückwärts durch mein Leben, zeige mir mein Leben aus der Vogelperspektive.«

Was hast du Wichtiges im letzten Monat erlebt, wie hast du dich verhalten, was konntest du nicht sehen?

Gehe weiter zurück, schaue dir dein Leben an, was hast du vor drei Monaten erlebt, vor einem halben Jahr, vor einem Jahr usw. Wann hat dich etwas sehr berührt, z. B. Hochzeit, Geburt, Tod oder, oder ... Gehe mit der Zeit rückwärts bis zu deiner Geburt, wenn es dir möglich ist. Betrachte alles von oben.

Immer, wenn du nervös oder aufgeregt wirst, bist du aus dem neutralen Zustand »herausgerutscht«, hast dich verrückt.

Gehe dann mit deiner Aufmerksamkeit auf den Platz zurück, auf dem du sitzt, nimm dich in deinem Körper wahr und stelle dir vor, wie du als Beobachter über deinem Körper schwebst. Du bist jetzt ein neutraler Zuschauer. Fixiere dich nicht auf bestimmte Wahrnehmungen, die eintreten sollen.

Lass alles in dir aufsteigen, was sich zeigen will. Jeder Mensch hat seinen eigenen Zugang.

Manche sehen Bilder, manche fühlen etwas, manche haben Gedanken oder hören Worte. Sei offen für alles. Auch wenn du nichts wahrnimmst, hat dies seine Bedeutung. Es könnte beispielsweise sein, dass du schwierige Situationen noch nicht sehen möchtest oder kannst, dass dein Inneres dir diesen Blick noch versperrt. Vielleicht ist die Zeit noch nicht reif dafür.

Notiere dir alles, was du beobachtest, was dir zu deinen Eingebungen auffällt und was dir wichtig erscheint. Folgende Fragen können dir helfen:

- Woran kannst du dich besonders gut erinnern?
- Was war wichtig?
- Was wurde dir in der Innenschau gezeigt?
- Was sind deine Erkenntnisse?

Übung:

Falls dir das Reisen noch zu schwierig erscheint, kannst du einen sehr ausführlichen Lebenslauf für dich schreiben. Du kannst dich an den oben genannten Stichpunkten orientieren. Du kannst alte Fotos herauskramen und ansehen. Falls deine Eltern, Großeltern oder andere Verwandte dir etwas über deine Kindheit erzählen können, kann es für dich sehr wertvoll sein.

Für Zeiten, an die du keine Erinnerung hast, benutze das intuitive Schreiben, wie es in Lektion 3 beschrieben ist. Es ist immer spannend, was da aus deinem Inneren aufsteigt. Traue dich einfach herunterzuschreiben, was dir aus der Feder fließt.

Zensiere und verurteile nichts. Je weniger du überlegst, desto besser ist es. Der erste Gedanke ist immer der Richtige. Alles, was danach kommt, ist schon verfälscht. Mach es dir also leicht und überlege nicht. Mache dir ein Vergnügen aus dem Schreiben! Lies es später und schau, was dir dabei auffällt.

Lebensgeschichte anhand von Tarotkarten

Ich habe die Teilnehmer aus den letzten Channeling-Gruppen ermuntert, sich gegenseitig ihre persönlichen Lebensgeschichten anhand von Tarotkarten (große Arkana) erzählen zu lassen. Während ein Erzähler sprach, sollten die Zuhörenden später berichten, was sie wahrgenommen hatten. Sie nahmen aus einer unbeteiligten Perspektive wahr und waren dadurch in der Lage, objektiver zu beobachten. Sie konnten nachfragen, was der Erzähler eventuell als nicht so wichtig empfunden hatte, und gaben am Schluss ein Feedback. Es war erstaunlich, dass die Zuhörer die Zusammenhänge wesentlich besser erkannt hatten als der Erzähler. Es gab meistens große Aha- Effekte!

Es ist schön, wenn du dich über deine Erlebnisse und Erfahrungen mit einem dir vertrauten Menschen austauschen kannst, denn ein Gegenüber kann dir wichtige Hinweise und Impulse liefern, die du selber gar nicht erkennen kannst.

Wenn du die Möglichkeit hast, erzähle deine Lebensgeschichte Freunden und vertrauten Menschen anhand der Tarotkarten, da sie die großen Lebensbereiche abdecken. Am Einfachsten ist es, wenn du dir ein kleines Tarot-Deck kaufst und die großen Arkana Karten nacheinander auslegst.

Die 22 großen Arkana stellen Situationen dar, denen wir alle im großen Lebensplan gegenüberstehen. Sie zeigen Themen über das größere Bild des Lebens und seine langfristige Richtung. Lege die Karten von 0 bis 21 kreisförmig vor dir aus. Sie zeigen dir dein gesamtes Leben wie du es bis jetzt gelebt hast.

Hier folgen passende Fragen, die du dir zu jedem Bild stellen kannst. Lass dich inspirieren, möglicherweise fällt dir noch viel mehr dazu ein.

0. Der Narr

Wie hat dein Leben begonnen? Bis wann warst du mit Gott verbunden? Konntest du deine Kindheit unbeschwert leben? Kannst du deiner Intuition folgen? Kannst du unbekümmert deinen Ideen und Gefühlen folgen?

1. Der Magier

Welche Geschenke und besonderen Fähigkeiten hast du mitgebracht? Was hebt dich von den anderen ab und hilft dir, Projekte zu starten? Kannst du allen Herausforderungen erfolgreich begegnen und mit festem Willen das Leben gestalten?

2. Die Hohepriesterin

Wann konntest du deine innere Führung wahrnehmen? Wann bist du deiner Intuition gefolgt? Wann hast du dich mit der göttlichen Führung verbunden gefühlt? Hast du ein tiefes Wissen und Vertrauen in verborgene Kräfte?

3. Die Kaiserin / Die Herrscherin

Wie war deine Mutter? War sie für dich eine gute Mutter? Wusste sie um ihre Würde, Weiblichkeit und Schönheit? Konnte sie dir vorleben, wie es ist, als wundervolle Frau in der Welt zu sein? Hat sie dir Vertrauen ins Leben gegeben oder hat sie sich an dich geklammert?

4. Der Kaiser / Der Herrscher

Wie war dein Vater? Konnte er dir Stabilität, Führung und Unterstützung bieten? Hat er dir vorleben können, wie du ins Leben treten kannst? War er sehr streng?

5. Der Hierophant

Wie wurdest du in deinem Elternhaus mit Kirche, Gott und Religion geprägt? Welche Verbindung und welche Einstellung hast du zu Gott? Suchst du nach dem tieferen Sinn des Lebens?

6. Die Liebenden

Haben sich deine Eltern deiner Meinung nach geliebt? Was haben sie dir vorgelebt? Wann hast du deinen eigenen Willen erkannt? Wie war deine Pubertät? Konntest du deine Individualität finden und leben? Wie oft hast du Herzensentscheidungen getroffen?

7. Der Wagen

Wann bist du aus deinem Elternhaus ausgezogen und wie war das? Wann bist du eigene Wege gegangen und welche? Haben sie dich glücklich gemacht?

8. Die Kraft / Stärke

Hier kannst du über deinen Mut, deine Stärke, deine Wut erzählen, auch über deine Ängste und wie du sie überwunden hast. Wann hat dein Mut trotz Angst gesiegt?

9. Der Eremit / der Einsiedler

Wann hast du dich alleine gefühlt? Wann bist du dazu gezwungen worden, dich selber anzusehen und zu reflektieren? In welchen Situationen wurdest du auf dich alleine zurückgeworfen?

10. Das Rad des Schicksals

Wann hat dein Leben eine plötzliche Wende genommen? Durch was hat sich dein Leben verändert? Wann warst du glücklich, wann traurig?

11. Die Gerechtigkeit

Fühlst du dich vom Leben gerecht behandelt? Wo gab es Ungerechtigkeiten und Ungereimtheiten? Meinst du, das Leben kann dies jetzt ausgleichen?

12. Der Gehängte

Wann musstest du in deinem Leben eine Krise akzeptieren und konntest sie nicht ändern? War es dir möglich, sie aus einer anderen Sichtweise zu betrachten? Wann musstest du eine Zwangspause einlegen?

13. Der Tod

Wann wurdest du mit dem Tod konfrontiert? Wann hat dich ein wichtiger, geliebter Mensch verlassen? Musstest du schweren Herzens etwas loslassen, z. B. eine Arbeit, ein Kind, ein Tier oder ein Haus?

14. Die Mäßigkeit

Wann gab es eine ruhige und friedliche Zeit in deinem Leben? Wann hast du dich ausgeglichen, gesund, voller Vertrauen, zufrieden und glücklich gefühlt?

15. Der Teufel

Von wem oder was warst oder bist du abhängig? Brauchst du Menschen um dich herum? Brauchst du Anerkennung, Liebe, Sex, Alkohol, Zigaretten, Drogen Süßigkeiten, Arbeit usw.?

16. Der Turm

Ist dein Leben irgendwann zusammengebrochen? Wann ist plötzlich etwas geschehen, was dich aus deiner Normalität herausgeworfen hat? Hat es dich zu einer Korrektur deines Lebens veranlasst?

17. Der Stern

Wann warst du voller Vertrauen? Was oder wem willst du folgen? Was ist dein Traum? Was ist dein Lebensziel? Was möchtest du noch erreichen?

18. Der Mond

Welche Themen wiederholen sich in deinem Leben und tauchen aus dem Unterbewusstsein immer wieder auf? Welchen Ängsten bist du begegnet? Welche tiefen Gefühle sind dir begegnet?

19. Die Sonne

Wann hast du dich unbeschwert, vital glücklich und voller Selbstvertrauen gefühlt? Wann liefen die Dinge von alleine einfach gut?

20. Das Gericht

Glaubst du an Karma? Fließen unerledigte Themen aus anderen Leben ins Jetzt ein? Gibt es Möglichkeiten, diese zu heilen oder aufzulösen? Haben deine Ahnen ähnliche Themen gehabt wie du heute?

21. Die Welt

Was braucht es, damit dein Leben »rund« wird? Ist es bereits rund, will noch etwas zum Abschluss gebracht werden? Welcher rote Faden zieht sich durch dein Leben? Welche Themen und Schwierigkeiten begegnen dir immer wieder? Was kannst du lernen? Wohin will dich das »Schicksal« führen? Was hast du gut gemacht? Welche Ziele hast du schon erreicht? Was ist jetzt wichtig für dich? Was willst du noch erleben?

Was fällt den anderen auf, wenn sie sich deine Ausführungen angehört haben? Höre es dir an und lasse es auf dich wirken.

Biografie-Arbeit ist eine ausgesprochen wichtige, interessante und tiefgehende Arbeit. Anhand der Tarotlegung kannst du erkennen, welche Muster du immer wiederholt hast, was du von deinen Ahnen übernommen hast, wo du noch blockiert bist, weil du es noch nicht erkennen kannst. Wenn du weißt, wohin dich dein Leben führen will, kannst du dein Ziel besser fixieren und ansteuern. Du kannst jetzt deinen Fokus darauf ausrichten. Die Energie folgt immer der Aufmerksamkeit.

Finde für dich heraus:

- Auf was will ich meine Aufmerksamkeit lenken?
- Was soll mehr werden in meinem Leben?
- Was darf gänzlich verschwinden?

Der Tarotkreis beginnt mit der Tagseite, also im Hellen, geht durch die Dunkelheit und führt wieder ins Licht. Wenn du dich gerade in einer dunklen Phase deines Lebens befindest, wisse, du kommst garantiert wieder ins Licht.

Die folgenden inneren Reisen sind meiner Meinung nach nur mit kompetenter Begleitung möglich. Empfehlenswert sind bei Bedarf auch Rückführungen.

Eine interessante Zeitreisesequenz ist eine Reise zu deiner Geburt.

Diese Reise empfehle ich, wenn Neuanfänge immer wieder nicht gelingen oder auch bei dem Gefühl, nicht willkommen zu sein, bei Angst vor Neuem, bei Platzangst oder auch bei der Angst, ersticken zu müssen.

Deine Geburt ist ein wichtiger Moment. Denn so, wie du in die Welt gekommen bist, so sind auch immer wieder all deine Neuanfänge. Wenn es eine schwierige Geburt war, können Neuanfänge grundsätzlich schwierig für dich sein. Haben die Wehen während deiner Geburt gar aufgehört oder ist der Geburtsvorgang damals anderweitig unterbrochen worden, gelingen dir Neuanfänge in deinem jetzigen Leben oft erst beim zweiten Anlauf.

Eine weitere Reise oder Rückführung in die Zeit als Embryo und auch die in die Zeit der Zeugung kann sehr aufschlussreich für deine Seele sein.

Du kannst hier vieles über deine Eltern erfahren, über deren Gedanken, Sorgen und Ängste. Du hast alles bereits im Mutterleib gefühlt und mitbekommen.

Und nun kannst du sogar eine Reise in deine vorgeburtliche Planungsphase veranstalten lassen.

Das ist die Zeit, in welcher du als Seele beschlossen hast, wieder auf dieser Erde zu inkarnieren. Du hast damals beschlossen, was du in diesem Leben lernen wolltest. Genau hier wurde besprochen, wie du am besten dein Ziel erreichen kannst. Dabei wurden verschiedene Möglichkeiten durchgespielt.

Hier, aber auch im späteren Leben, hast du noch öfter den Spielraum, dich für eine andere als die ausgewählte Möglichkeit zu entscheiden. Das Leben ist also nicht generell festgelegt. Deine Seele entscheidet immer wieder neu.

Bitte dein Höheres Selbst, dich in deinem Planungszimmer zu sehen und zu hören oder zu fühlen, was du dir für dieses Leben als Lernziel vorgenommen hast. Vielleicht kannst du auch wahrnehmen, welche Möglichkeiten erörtert wurden. Wenn du eine Ahnung davon hast, wohin dich das Leben lenken will, kann es dir den Weg dorthin sehr erleichtern.

Lektion 9

Schuldgefühle aufspüren

Wieso fühlen wir uns schuldig?

Schuld ist ein Konstrukt von euch Menschen, was euch klein hält. Meine Worte wurden schon oft verdreht und falsch ausgelegt, damit ihr glaubt, ihr seid schuldig. Wie zum Beispiel im Vaterunser: Vergib uns unsere Schuld. Wenn ich die Macht habe, euch eure vermeintliche Schuld zu vergeben, dann bin ich so groß und ihr so klein. Es geht euch auf eurem Planeten immer wieder darum, wer die meiste Macht hat. Es geht immer wieder darum, wer besser ist.

Wieso soll ich euch eure Schuld vergeben, wenn ich so mächtig bin, wie ihr meint? Dann hätte ich es gar nicht zugelassen, dass ihr mir irgendetwas antut. Das, was ihr tatet, habt ihr euch selbst angetan. Denn ihr seid Gott.

Hört auf mit dem ganzen Schuldkult. Dieser hat nur zu Hass, Feindschaft und Kriegen geführt. Wenn ihr etwas getan habt, was eurer Meinung nach falsch war, und ihr große Schuld auf euch geladen habt, dann übernehmt selbst die Verantwortung und antwortet darauf, indem ihr eure Schuld ausgleicht. Manchmal geht das nicht, aber wisset, ihr werdet die Möglichkeit erhalten, dies zu tun, auch wenn es in anderen Inkarnationen sein wird. So braucht ihr euch mit der Schuld gar nicht herumzuplagen, denn alles findet seinen Ausgleich. Erkennt, was in eurem Sinne gut ist, und handelt danach. Ihr könnt doch nur so handeln und so sein, wie ihr euch dessen bewusst seid und meint, dass etwas richtig sei. Es kann richtig sein oder auch nicht. Das hängt von eurem Bewusstseinsstand und eurer Liebesfähigkeit ab. Ihr werdet später sowieso erkennen dürfen, wie es sich anfühlt, so zu handeln, wie ihr es getan habt.

Richtig heißt Recht, oder auch rechtens. Es ist euer Recht, das ihr euch selber schafft. Ihr braucht dann keine Gesetze im Außen, auch nicht meine Gebote, die nur Richtlinien sind und keine Gesetze.

Du bist alles, was du siehst, hörst und fühlst. Wenn du das erkennst, braucht es nur die Liebe zu allem, was ist.

(Channeling mit Gott)

Schuldgefühle hindern uns daran, glücklich und in Fülle zu leben. Es gibt eine einfache Faustregel: In dem Bereich deines Lebens, wo du noch Mangel erleidest, wo es sich noch nicht richtig rund und gut anfühlt, dort finden sich im Verborgenen Schuldgefühle. Um glücklich zu sein, ist es wichtig, diese aufzuspüren und zu erlösen.

Beleuchte jetzt deine momentane Lebensphase. In welchem Bereich haben sich deine Schuldgefühle manifestiert?

In Beziehungen
zu Geld,
zur Arbeit,
zum Leben generell,
zum Körper,
zu Genuss und Vergnügen,
zu Gott, zu dir selbst?

Vielleicht weißt du sofort, welche Schuldgefühle dich daran hindern, ein glückliches und volles Leben zu leben. Dann kannst du dich jetzt entscheiden, sie dir anzusehen.

Wozu dienen sie dir? Brauchst du sie noch?

Solange sie dich plagen, wirst du nicht wirklich frei und glücklich sein können.

Du kannst dir jetzt selbst sagen: Es tut mir leid – und du kannst anfangen, dir zu vergeben, damit du dich selber wieder lieben kannst. Aus meiner eigenen Erfahrung weiß ich, dass es willentlich oft nicht möglich ist, die Schuldgefühle loszulassen. Was mir dann geholfen hat, ist die aufrichtige Bitte an Gott und die Engel. Z. B.: Bitte helft mir zu vergeben, zeigt mir wie ich vergeben kann!

Warum sich starke Schuldgefühle oft verstecken

Unser Bewusstsein wird in drei Ebenen unterteilt:

Das Höhere Selbst / Überbewusstsein
Das Mittlere Selbst / Tagesbewusstsein
Das Niedere Selbst / Unterbewusstsein

Das Höhere Selbst ist mit allem Wissen verbunden. Wir können es auch als »Seele« oder »göttliches Licht in uns« bezeichnen.

Dieses Höhere Selbst ist der Teil von uns, der in den höheren Ebenen beim All-Bewusstsein verblieben ist. Es ist unsere Basisstation. Es kann sozusagen aus diesem Gottesbewusstsein ganz andere Zusammenhänge sehen und erkennen als unser Mittleres Selbst.

Das mittlere Selbst ist ganz mit der Materie verbunden. Es ist unser normales

Tagesbewusstsein und kann nur den kurzen Ausschnitt unseres jetzigen Lebens sehen. Zusammenhänge aus früheren Inkarnationen sind nicht erkennbar.

Das Unterbewusstsein ist folglich etwas, was unserem Tagesbewusstsein verborgen ist. Ich finde die Erklärung aus der Huna-Lehre sehr passend, weil wir uns dies sehr bildlich vorstellen können:

Long, ein Huna-Lehrer, gab dem Unterbewusstsein den Namen George. George heißt in der Luftfahrt der Autopilot im Cockpit. So wie George funktioniert auch unser Unterbewusstsein: Es reagiert automatisch. Es ist wie ein Kind. Es hat keine logische, kausale Vernunft, es kennt keine Zeit. Alle unverarbeiteten Ereignisse aus der Vergangenheit sind für das Unterbewusstsein immer noch aktuelle Gegenwart. Erlittene Kränkungen, Schuldgefühle, Groll, Situationen, die schmerzhaft endeten, hortet das Unterbewusstsein George in einem schwarzen Sack. Da George zeitlos und assoziativ denkt, wendet er auf Situationen, die ihn an frühere Ereignisse erinnern, Schlüsse und Strategien von früher an. Er holt immer diejenige Strategie aus dem Sack, die zu der jeweiligen aktuellen Situation passt. Dann übernimmt der Autopilot unser Leben. Wir reagieren automatisch, auch wenn jetzt aktuell keine Gefahr da ist. George will eigentlich nur unser Bestes, er will uns vor Gefahren schützen und realisiert nicht, dass sie aktuell und gar nicht real vorhanden sind.

Die finstersten dieser versteckten Schätze in seinem Sack sind starke Schuldgefühle. Schuldgefühle können uns daran hindern, Kontakt zu unserem Höheren Selbst aufzunehmen.

George unterbricht die Leitung, wenn er von Schuldgefühlen geplagt wird. Er ist genauso wie ein Kind, das Angst hat, seinen Eltern gegenüber zu treten, wenn es sich schuldig fühlt. Er traut sich auch nicht, seinem Chef unter die Augen zu treten, wenn etwas in der Firma schiefgelaufen ist.

Es kann sehr schwierig sein, die tief im Sack von George versteckten Schuldgefühle zu bergen. Sie waren einst so schlimm, dass du sie verdrängen musstest. Um an sie heranzukommen, hilft dir deine Intention.

Gib deinem Unterbewusstsein, George, den Auftrag:

»Goerge, zeige mir meine versteckten Schuldgefühle! Ich bin bereit, sie mir jetzt anzusehen. Ich werde sie mir liebevoll ansehen. Ich werde nicht richten. Ich habe jetzt die Kraft und den Mut, sie mir endlich anzusehen. Lieber George, bitte hole mir die schlimmen Schuldgefühle aus deinem Sack, sie sollen endlich von ihrer Schuld erlöst werden.«

Um die tiefsitzenden Schuldgefühle wieder ins Bewusstsein zu holen, habe ich die folgende Meditation von meinem Höheren Selbst erhalten:

Erde dich wie üblich und gehe in deinen Kanal.

Du wirst eingeladen, auf eine Reise zu gehen. Eine Reise zu dir, in deine unterirdischen und tiefsten Katakomben. Stelle dir vor, wie du mit deinem Schutzengel in dein Elternhaus gehst, dorthin, wo du aufgewachsen bist. Steige gemeinsam mit deinem Schutzengel die Stufen zum Keller hinab. Schau dich dort um, es gibt unter diesem Keller noch mehr Gewölbe. Lass dich noch tiefer in die unterirdischen Gänge hinunterführen. Du kannst dir vorstellen, dass du an deiner Stirn eine Lampe trägst, so wie sie Bergleute tragen. Folge dem Lichtschein, lasse dich in ganz alte, längst vergessene Räume führen.

Es kann sein, dass du dich hier sehr unwohl fühlst. Es kann hier modrig riechen, feucht und kalt sein. Fühle dich in diesen Ort hinein. Du bist hergekommen, um deine verborgenen Schuldgefühle zu erlösen. Es kann sein, dass sich hier jemand versteckt hat, ein kleines Kind vielleicht oder aber auch ein Tier oder noch jemand ganz anderes.

Vielleicht kannst du fühlen, dass du hier nicht alleine bist. Sei vorsichtig. Das, was du suchst, hat sich hier schon sehr lange versteckt. Es hat große Angst davor, gefunden zu werden. Gleichzeitig hat es eine unendliche Sehnsucht danach, dass jemand es aus diesem Versteck herausholt.

Fühle in dich hinein, atme und bitte, das Kind / das Wesen möge sich dir zeigen. Bekunde deine friedliche und liebevolle Absicht:

»Hallo, du mein liebes Kind / Wesen, ich komme, um dich aus der Einsamkeit ins Wohnzimmer zu holen. Dort ist es warm. Meine Familie und ich, wir warten auf dich! Wir werden dich nicht verurteilen. Alles, was du getan hast, wird seinen Grund gehabt haben. Wir werden anschauen, warum du so gehandelt oder auch etwas unterlassen hast.

Ich, (Name), bin jetzt für dich da. Ich bin jetzt stark genug, mir alles anzuhören, was du mir auch immer erzählen magst.«

Lass dir Zeit. Das Kind, das Tier oder das Wesen braucht Zeit, um Vertrauen zu fassen. Es kann sein, dass du öfter wiederkommen musst. Versprich ihm oder ihr, dass du zu festen Zeiten wiederkommen wirst. Du kannst ihm, deinem Wesen, beim nächsten Mal auch etwas mitbringen: Ein Lämpchen, eine Kleinigkeit zu essen, ein Spielzeug oder was dir sonst in den Sinn kommt. Während du in dem modrigen Raum bist, warte ab, was geschieht. Irgendwann wird das Kind oder das Tier aus seinem Versteck herauskommen.

Wenn es bereit ist, sich zu zeigen und dir zu vertrauen, kannst du es einladen, aus dem dunklen Keller mit in dein Wohnzimmer zu kommen. Sei sehr behutsam mit deinem Wesen, gehe sanft und vorsichtig mit ihm um, denn jetzt, im Wohnzimmer, kann es von allen gesehen werden. Jetzt kann es dir erzählen, was alles passiert ist, weshalb es sich in den tiefsten Gewölben deines Kellers verstecken musste. Möglicherweise schämt es sich noch sehr. Du kannst gemeinsam mit ihm schauen, ob für seinen Rückzug überhaupt eine reale Schuld existiert.

Schaue in das Herz des Kindes oder des Wesens. Findet ihr dort Schuld? Hat das Kind oder Wesen wirklich bewusst vorgehabt, jemandem zu schaden? Ganz tief in seinem Herzen finden sich seine Motive – und die sind unschuldig und rein!

Vielleicht hatte das Kind / Wesen aus Zwang oder Angst gehandelt. Vielleicht hat es etwas übernommen. Vielleicht hat es sich auch nur eingebildet, schuldig zu sein, weil …

Wichtig ist, dass du die Situation fühlst. Atme, atme tief. Mit dem Atem kannst du alles nach oben befördern. Lasse das Gefühl zu, das jetzt aufkommt. Bitte darum, dass es sich noch verstärken möge, damit du es in seiner ganzen Dimension fühlen kannst. Damit erlöst du es. Wenn sich das Gefühl verändert oder nachlässt, lasse das nächste Gefühl zu, bis es ruhig in dir wird.

Du kannst dem Kind, Tier oder Wesen versprechen, zu bestimmten Zeiten wiederzukommen. Halte dein Versprechen ein! Falls es einmal nicht klappen sollte, zum vereinbarten Zeitpunkt zu erscheinen, verabrede dich für den nächsten Tag. Es ist wichtig, dass sich das Kind oder Wesen auf dich verlassen kann. Kehre nun mit deiner Aufmerksamkeit in die Realität zurück. Beobachte deine Atmung, balle deine Hände zu Fäusten und sei wieder ganz präsent im Hier und Jetzt.

(Channeling Hohes Selbst)

(Vgl. auch Kapitel Inneres Kind. Du kannst so weiterarbeiten und nach und nach alle Schuldgefühle an die Oberfläche befördern.)

Übung:

Begib dich in die oben vorgeschlagene Meditation und suche nach Schuldgefühlen bei dir. Mache dir dabei keinen Druck; du könntest dich sehr schämen, wenn sie an die Oberfläche kommen. Gehe also behutsam vor und lasse dir Zeit, dir selbst zu vertrauen.

Lektion 10

Vergebung und Heilung

Wenn du Schuldgefühle gefunden hast, dann schaue sie dir an. Du gibst deine Macht ab, wenn du andere beschuldigst und beschimpfst: »Der oder die hat mir das angetan! Ich kann nichts dafür!« Du machst dich dann selbst zum Opfer: Du gibst so deine Macht ab und hast die Schmach. Willst du das? Das ist natürlich ganz schön einfach. Willst du ein kleines Opfer sein? Das ist kindliches Verhalten. Warum weigerst du dich so vehement, endlich erwachsen zu werden? Was hast du davon? Ich weiß, du hast die größte Angst davor, groß und mächtig zu sein. So groß und mächtig, dass du selbst die Verantwortung für dein Leben vollkommen übernimmst.

Du kannst nicht immer Kind bleiben. Entwicklung schreitet immer fort, und wenn sie dies nicht tut, entsteht Stillstand. Wenn Stillstand entsteht, verweigerst du dich dem Leben. Die Verweigerung ist der Widerstand, der dir große Schmerzen bereitet. Warum hältst du so sehr an den alten Vorstellungen fest, an deinem Klein-Sein?

Es liegt auch an eurem falschen Gottesbild, das ihr lange aufrechterhalten habt. Ihr habt mir die ganze Macht gegeben: Großer Gott, wir loben Dich! So habt ihr euch zu meinen kleinen Kindern gemacht. Ich soll auf euch alle aufpassen, ich soll euch alles geben, was ihr braucht! Erkennt, dass ihr hier einem großen Irrtum unterliegt.

Ihr seid die Götter! Ihr seid Gott! Ihr sollt auf euch aufpassen! Ihr sollt euch das geben, was ihr benötigt!

Ich, Gott, bin das Größte, das ist richtig. Ihr versteht dies nur falsch. Ich bin das Größte in euch. Ich bin eure Liebesfähigkeit. Ich bin die stärkste Kraft in euch. Ich bin die Liebe.

Ihr sollt euch kein Bild von mir machen, habe ich gesagt. So meine ich es auch. Wenn du betest, dann betest du zu dir! Zu deiner Liebe in dir! Höre also bitte auf, mich groß zu machen und dich als kleinen hilflosen Wurm zu sehen. Stehe endlich auf und stelle dich selber auf den Sockel!

(Channeling Hohes Selbst)

Wie kann ich mir und anderen vergeben?

Es gibt viele Möglichkeiten und Methoden, wie du dies tun kannst. Ho'oponopono, das hawaiianische Vergebungsritual, ist eine wunderbare und wirkungsvolle Methode. Ich beschreibe es später.

Willentlich ist Vergebung oft nicht möglich. In einer schwierigen Trennungssituation hat mir Folgendes geholfen: Ich habe meinen Kanal zum Channeln aufgebaut und mein Höheres Selbst gebeten, mir persönlich eine Botschaft zu übermitteln, wie ich mir und meinem Ex-Partner endlich vergeben konnte. Ich erhielt folgende Botschaft:

Liebes, wo hast du deine heilige Wahrheit vergessen? Wo hast du dich hintenangestellt? Wo hast du die Bedürfnisse deines Gegenübers wichtiger genommen als deine eigenen? Wo, sodass du jetzt voller Schmerz und Groll bist?

Sage Danke dafür, dass er dir dies gezeigt hat. Du kannst jetzt erkennen, dass du dich dort, in dieser Situation, selbst verraten hast, weil du vergessen hast, welch wundervolles Wesen du bist. Gib dem Schmerz und Groll den Raum, den sie brauchen; lass alles auflodern, damit die violetten Flammen alles erfassen können. Auch die Wurzeln deines Schmerzes. Er resultiert daraus, dass du vergessen hast, dass du immer geliebt wirst.

Bitte um die Gnade der Vergebung, am allermeisten für dich selbst. So kannst du erkennen, dass du selbst die Ursache für deinen Schmerz gesetzt hast. Wer vergibt, dem wird verge-

ben und wer stirbt, der erwacht zu ewigem Leben. Bitte – und dir wird gegeben. Wer anklopft, dem wird die Tür aufgetan.
Ich segne dich.

(Channeling Hohes Selbst)

Dieses Channeling half mir zu erkennen, wo ich meine Grenzen nicht gesetzt hatte. Es war ein langsamer Prozess. Ich musste ein halbes Jahr mit dem Schreiben pausieren und habe mir gedacht: Ich kann jetzt hier keine weisen Ratschläge geben, da ich es selber nicht schaffe, voll und ganz zu vergeben.

Während dieser Zeit habe ich immer wieder die geistige Welt darum gebeten, mir zu zeigen, wie ich vergeben kann. Nachts, wenn alles still war, kamen die schmerzvollen Wutgedanken immer wieder angekrochen und ließen mich nicht in Ruhe.

Folgendes passierte: Ich lernte einen anderen Mann kennen und behandelte ihn seltsamerweise genauso gemein, wie mein Ex-Partner mich behandelt hatte. Ich habe es nicht bewusst getan oder beabsichtigt, ganz und gar nicht. Es schien ein unbewusstes Programm abzulaufen. Als ich dies erkannte, konnte ich aus ganzem Herzen vergeben.

Du kannst dich nun hinsetzen und beten. Du kannst darum bitten, dass dir geholfen wird, zu vergeben.

Wenn wir um Hilfe bitten, können wir darauf vertrauen, dass uns früher oder später der Weg gezeigt wird, wie wir vergeben können. Ich habe oft die Erfahrung gemacht, wenn wir uns in einen »Täter« hineinversetzen und ihn verstehen können, dann geschieht bereits Vergebung.

Jetzt folgt ein allgemeines Channeling zum Thema Vergebung.

Mein geliebtes Sein, ich bin es, der eine höhere Perspektive auf deine Dinge und Situationen hat. Frage mich und bitte mich, dir eine höhere Sichtweise zu eröffnen. Ich möchte dich dazu einladen, dir vorzustellen, dass du von nichts und niemandem wirklich getrennt bist. Du bist mit deinem Feind genauso verbunden wie mit deinem Freund. Darum steht in der Bibel: Du sollst deinem Feind vergeben, denn in Wirklichkeit vergibst du damit nur dir selbst.

So möchte ich dich daran erinnern, dass du dich immer wieder nur selber im Außen siehst. Dort, wo du emotional sehr berührt bist, kannst du einen besonderen Aspekt deiner erkennen.

Wenn du z. B. jemanden bewunderst, dann trägst du dies, was der andere ausstrahlt, auch in dir. Erkenne dies.

Wenn du dich über ein Verhalten oder sonst etwas anderes bei einem Gegenüber ärgerst, hast du dieses natürlich auch in dir. Oft kannst du dies nicht sofort erkennen, denn es kann sein, dass du auch das Gegenteil von dir im Gegenüber erkennst. Das Gegenteil ist nur die andere Seite der Medaille. Es ist das gleiche Thema.

Traust du dich, dir deine Schattenseiten anzusehen? Deine Schatten wollen von dir gesehen und geliebt werden. Sie wollen von dir geheilt werden. So, wie Kinder, die verstoßen wurden, wollen sie zu dir zurück. Hole sie zu dir, halte sie liebevoll, steh zu ihnen und weise sie nicht von dir. Es sind deine eigenen Kreationen.

Es ist oft schwer, sich seine eigenen Abgründe anzusehen, weil wir meinen, wir würden dann nicht mehr geliebt werden. Deshalb lerne, deine Abgründe anzuschauen und anzunehmen. Du bist der einzige, der sie erlösen kann.

Ich danke dir, dass du meine Worte in dir aufnimmst. Bewege sie in deinem Herzen, und du wirst verstehen. Du kannst mich jederzeit fragen, wie alles gemeint ist. Ich bin immer für dich da und ich verlasse dich nie. Ich gehöre zu dir. Wir sind eins.

(Hohes Selbst)

Hawaiianisches Vergebungsritual: Ho'oponopono

Ho'oponopono bedeutet: Etwas richtigstellen. Etwas wieder in die richtige Ordnung bringen.

Ho'oponopono ist eine uralte Methode aus Hawaii, die dort immer noch praktiziert wird, um Negativität sofort aufzulösen. Das Ritual resultiert aus der Huna-Lehre.

Um das Ritual zu verstehen, solltest du die fünf Prinzipien der Huna-Lehre kennen:

Ike:

Die Welt ist das, wofür du sie hältst. Wenn du denkst, die Welt ist gemein, dann ist sie das. Wenn du denkst, die Welt ist freundlich, dann ist sie dies auch für dich.

Kala:

Alles, was je ein Mensch erreicht hat, kannst du auch. Es gibt keine Grenzen, alles ist unendlich. Alles ist möglich.

Makia:

Die Energie folgt der Aufmerksamkeit. Wenn ich mich mit etwas beschäftige, was mir gefällt, bekomme ich mehr davon. Wenn ich mich mit etwas beschäftige, was mir nicht gefällt, bekomme ich auch mehr davon. Richte deine Aufmerksamkeit auf das, was du willst.

Managa:

JETZT ist der Augenblick. Ich kann wählen, welche Erinnerungen ich jetzt haben und behalten möchte. Merke ich mir schöne oder schlechte Ereignisse?

Mana:

Alle Macht kommt von innen. Niemand kann mächtiger sein als ich. Ich kann meine Macht abgeben, ich kann meine Macht behalten. Die Entscheidung liegt bei mir.

Auf Hawaii regiert der Aloha-Geist. Es ist das Gefühl der Liebe. »Aloha« heißt so viel wie: Ich grüße das Göttliche in dir. Ich schwinge in der Liebe mit dir. Alle Engel leben diesen Geist. Die Huna-Lehre ist eine Philosophie des Himmels. Nimm dir aus der Lehre, was du willst. Du kannst aus allen Methoden auswählen oder auch weglassen.

Vergebungsritual:

Das Hohe Selbst handelt in Übereinstimmung mit Gottes Willen und der Liebe voller Licht und Wahrheit. Stelle zuerst folgende Bitte an dein Hohes Selbst: Finde für mich den Ursprung meiner negativen Gefühle, Gedanken, Worte, Erinnerungen, Taten und physischen Auswirkungen.

Mein geliebtes Hohes Selbst, bitte transformiere sie mit der göttlichen Weisheit, göttlicher Liebe und Wahrheit. Du wirkst jetzt durch alle Generationen der Zeit und des Raumes.

Phase 1: Es tut mir leid!

Anerkennung der Situation. Phase der Reue.

Hier kann ich sagen, was ich meiner Meinung nach zugelassen habe, sodass ein anderer mir etwas antun konnte. So wird das Vorhandensein des sich zeigenden Problems anerkannt und bestätigt. Z. B. Es tut mir leid, dass ich mir die Situation erschaffen habe, dass mein Arbeitskollege mich mobbt und ich mich mobben lasse. Ich nehme das Problem voll an. Ich lege all meine Liebe hinein.

Phase 2: Bitte vergib mir! Ich vergebe dir und ich vergebe mir selbst!

Vergebung

Bitte hier die betreffende Person, dir zu vergeben. Vergib nun auch ihr. Fühle, dass du vergibst. Bitte nun auch dich selbst, dir zu vergeben! Z. B. Bitte Peter, vergib mir, dass ich dich verletzt habe. Ich vergebe mir, dass ich dich verletzt habe. Ich vergebe mir, dass ich es zugelassen habe, dass du mich verletzen konntest.

Phase 3: Ich liebe dich!

Heilung durch Wertschätzung und durch Liebe

Ich liebe dich, Peter! Ich erkenne und wertschätze dich als Teil des Göttlichen.

Ich liebe mich. Ich erkenne und wertschätze mich als einen Teil des Göttlichen.

Ich liebe das Problem. Ich nehme es voll an.

Phase 4: Danken

Durch das Danken an Gott übergeben

Das ist der Dank von Herzen, dass jetzt die Dinge ihren Lauf nehmen und die beteiligten Energien sich durch die Liebe und die Vergebung lösen, reinigen und wandeln. Du kannst sagen: Danke Gott, dass Du Dich darum kümmerst. Ich gebe alles Dir, der Liebe. Ich vertraue, dass die Liebe alles heilt. Danke!

Sprich diese Sätze so lange, bis sich Frieden in dir einstellt. Du spürst es im Herzen oder auch im ganzen Körper, wenn es sich liebevoll und gut anfühlt. Ho'oponopono kannst du auch gut in einer Gruppe praktizieren.

Denn alle, die in der Gruppe anwesend sind, haben Resonanz zu den Themen, die eine Person aus der Gruppe offenlegt. So kann vieles gleichzeitig geheilt werden.

Als ich auf Hawaii war, habe ich versprochen, den Spirit von Hawaii mit nach Europa zu bringen, dies tue ich hiermit. Es ist eine wunderbare, leichte und fröhliche Energie, die dich mit dem Geist der Liebe verbindet.

Auf Big Island gibt es heute immer noch den Place of forgiveness (Platz der Vergebung) Es ist ein Platz direkt am Meer, wo die Wellen wild gegen die scharfkantige Lava knallen. Wenn es damals ein Straftäter geschafft hatte, diesen Platz zu erreichen, wurde ihm jegliche Schuld erlassen und vergeben. Als ich den Place of forgivenes betrat, war es sehr berührend für mich, diesen Ort jetzt einfach so betreten zu können und zu fühlen, dass mir alles bereits vergeben worden ist. Ich wünsche uns allen so einen Platz in unseren Herzen, wo uns alles vergeben wird und wir allen vergeben können.

Aloha!

An dieser Stelle, als ich gerade schreibe, meldet sich Grace, der Strahl der Gnade, und übergibt mir folgende Botschaft:

Ich bin Grace, der silberne Strahl der Gnade. Du kannst mich auf dem Wasser glitzern sehen, wenn die Sonne darauf scheint. Wenn du mich das nächste Mal auf dem Wasser leuchten siehst, dann bitte mich, dich zu erreichen. Tanzend komme ich zu dir, wie über eine Lichtbrücke auf dem Wasser. Ich liebe das Wasser, gepaart mit dem Sonnenschein. Es ist die Energie, die leicht und fröhlich ist, weil sie in Harmonie schwingt. Diese möchte ich gerne zu dir bringen, damit du dich auch leicht, fröhlich und glücklich fühlen kannst.

Ich leuchte mit meinem silbern funkelnden Licht in deine dunkelsten Ecken und löse dort alte, verhärtete Verkrustungen. Ich heile mit dem Strahl der Gnade und der Vergebung.

Ich sage dir, Schuld und Schuldgefühle nützen dir nur in der Hinsicht, dass du dir sagen kannst: Das nächste Mal mache ich es besser!

Wenn du das für dich geklärt hast, kannst du deine Schuldgefühle loslassen. Sie schaden dir nur. Gib sie in den Fluss, der sie mitnimmt in das große Meer, wo sie komplett neutralisiert werden. Oft hast du alte Schuldgefühle aus früheren Inkarnationen mitgebracht. Diese Prägungen sind dann sehr stark. Bitte mich darum, dass ich dir helfe, sie zu sehen, damit ich sie mit meinem silber-glitzernden Licht erhellen und mit den Wassern der Liebe aufweichen und fortspülen kann.

Ich bin Grace, der Strahl der Gnade.

(Channeling Grace)

Mit Gebet Nr. 6 (Kap. Gebete) kannst du den Silbernen Strahl der Gnade anrufen.

Lektion 11

Heilung: Inneres Kind

Frage: Wie kann ich meine alten, nicht mehr brauchbaren Muster heilen?

All deine Erfahrungen und Glaubensmuster, die du aus früheren Inkarnationen mitgebracht und noch nicht geheilt hast, kommen in codierter Form mit dir auf diese Erde. Dies ist dein Lebensplan. Du hast dir die Menschen ausgesucht, die deine Muster bedienen.

Ferner sendest du unbewusst ständig deine Muster und Glaubenssätze, die in dir sind, zu deinen dich umgebenden Menschen.

Z. B.: Dein Kind glaubt, es sei vergessen und verlassen.

So sendet das Kind den Impuls »Ich werde vergessen und verlassen« aus. Die Mutter oder der Vater nehmen diesen Impuls unbewusst auf und kreieren Situationen, in denen das Kind verlassen und vergessen wird. Oft sind es nur kleine Momente, die genügen, dem Kind zu bestätigen, dass es vergessen oder verlassen wurde. So gewichtet das Kind kleine Ereignisse oft tragischer, als sie sind. Diese kleinen Auslöser werden vom Unterbewusstsein genauestens ausgewählt, um sich in dem zu bearbeitenden Glaubensmuster zu zeigen und um dann gefühlt und geheilt werden zu können.

(Channeling Hohes Selbst)

Wenn du deinen Glaubenssätzen und -mustern auf die Schliche kommen möchtest, kannst du die folgende Übung mit deinem Inneren Kind durchführen und so alte Kodierungen und Konditionierungen ändern.

Heilung durch Eigenliebe

Die Heilung deines Inneren Kindes ist ein sehr wichtiger Schritt in deinem Leben.

Indem du den Kontakt herstellst und deinem Inneren Kind hilfst, die Situationen zu heilen, die es als gefährlich gespeichert hat, kann es sich beruhigen und in Zukunft anders reagieren. Ihr könnt miteinander kommunizieren und du kannst ihm in brenzligen Situationen erklären, dass die Lage heute anders geartet ist als früher. So reagierst du nicht immer wieder automatisch, sondern bestimmst jetzt selber, was zu tun ist. Du stärkst damit dein Selbstbewusstsein und deine Eigenliebe, die du jetzt als Erwachsener deinem Inneren Kind gibst.

Es braucht deine Aufmerksamkeit so dringend. Schenke sie ihm täglich und du wirst spüren, wie es sich mehr und mehr öffnet. Es können neben schönen Gefühlen natürlich auch schmerzliche an die Oberfläche kommen.

Während du mit deinem Inneren Kind arbeitest, ist es hilfreich, viel an die frische Luft zu gehen, wenn möglich barfuß. So kannst du Verarbeitetes über deine Fuß-Chakren sofort an die Erde abgeben. Gehe dafür auf Wiesen und auf der Erde; vermeide gepflasterte Straßen und Wege.

Du löst mit dieser Arbeit deine Blockaden und gibst dir jetzt selbst alle Liebe und Wertschätzung, die du immer in der Außenwelt vergebens gesucht hast.

Dein gesamtes Leben wird sich positiv verändern. Du konditionierst so dein Unterbewusstsein neu. Dafür ist es wichtig, diszipliniert und gewissenhaft zu üben.

Übung:
Die ersten Tage mit deinem Inneren Kind

Setze dich abends, bevor du schlafen gehst, bequem oder auch aufrecht hin, damit du nicht einschläfst. Nimm dir ein Kuscheltier in die Hände, damit du dir später besser vorstellen kannst, du hättest dein Inneres Kind in deinen Armen.

Lenke deine Aufmerksamkeit auf deine Füße und achte darauf, dass Wurzeln in den Boden wachsen. Schließe deine Augen und beobachte deine Gedanken. Wenn sie deine Aufmerksamkeit benötigen, gehe dorthin, danach lasse sie los. Konzentriere dich auf deinen Atem. Atme ruhig und tief, ruhig und tief. Du atmest Entspannung ein und Anspannung aus.

Du ziehst dich langsam von deiner Umgebung zurück und konzentrierst dich auf dein Herz. Stelle dir vor, wie du mit deiner Aufmerksamkeit den Raum, in dem du sitzt, verlässt und dich in der Natur wiederfindest. Du setzt dich auf eine grüne Wiese und wartest dort auf dein Inneres Kind. Es kann sein, dass sich dir ein glückliches circa sechsjähriges Kind zeigt, das ist dein göttliches Spirit Child. Es kann dich zu deinem verletzten Inneren Kind führen. Lade es ein, sich dir zu zeigen. Irgendwann siehst du es dort. Das bist auch du. Es kann sein, dass dieses Kind dort traurig zusammengekauert sitzt. Gib ihm Zeit, sich daran zu gewöhnen, dass es jetzt beobachtet wird. Nähere dich langsam diesem Kind. Auch wenn es schüchtern ist und nicht sofort zu dir kommen will, warte ab, bis es freiwillig zu dir kommt. Wenn es bereit dazu ist, nimm es in deine Arme und wiege es sanft. Begrüße es mit deinem Namen oder mit dem Kosenamen, wie deine Mutter dich damals genannt hatte. Halte es ruhig und sprich in Gedanken zu ihm:

»Ich liebe dich bedingungslos. Ich liebe dich bedingungslos.«

Schau jetzt, wie es ihm damit geht. Wenn es weint, dann lass es weinen. Wenn es sich erst an dich gewöhnen muss, dann lass ihm Zeit. Wenn es sich beruhigt hat, kannst du es leise fragen: »Möchtest du mir etwas erzählen?« Falls es nicht mit dir sprechen möchte, ist das okay. Du hast ihm ja versprochen, dass du es bedingungslos liebst. Du forderst nichts von ihm.

Falls es dir etwas erzählen möchte, wird es dir alte Geschichten aus deiner Kindheit erzählen. Höre gut zu, unterbrich es nicht. Du kannst dich später mit ihm unterhalten.

Du merkst selber, wenn es zu Ende erzählt hat und es für heute genug ist. Dann verabschiede dich lautlos, danke ihm, dass es sich dir gezeigt hat und versprich ihm, dass du morgen wiederkommst. So baust du sein Urvertrauen wieder auf. Enttäuscht wurde es oft genug. Diesmal enttäuschst du dich selber nicht. Du kannst dem Kind zum Schluss winken und gehst dann anschließend ins Bett.

Bitte lies anschließend nicht mehr und schau auch nicht fern. So kann sich die Heilung in der Nacht fortsetzen.

Wenn dein Inneres Kind nach den ersten Tagen Vertrauen zu dir gefasst hat, kannst du folgendermaßen fortfahren:

Du machst alles wie an den ersten Tagen und lässt dir von deinem Inneren Kind erzählen. Vielleicht will es auch nur gehalten werden. Lasse dich auf seine Bedürfnisse ein. Ab jetzt kannst du ihm anschließend vorschlagen, dass du mit ihm auf Reisen gehen willst. Es kann sich aussuchen, was und wohin es gerne reisen möchte. Auch wenn es anfänglich zögerlich ist, schlage ihm vor, es könne mit dir z. B. zu einem Lieblingsplatz von ihm reisen, an einen Bach, in den Wald, zu einer Rodelbahn, zum Mond oder zur Sonne, in die Wüste oder ans Meer. Richte dich nach den Wünschen des Inneren Kindes. In der Fantasie ist alles möglich.

Für dein Unterbewusstsein ist alles real, egal, ob etwas wirklich erlebt oder ob es nur in Bildern vorgestellt wird. So kannst du jetzt ein Stück deiner versäumten Kindheit nachholen und gibst dir selbst und deinem Inneren Kind ein Stück deiner verlorenen Kindheit zurück. Achte darauf, dass es bei den Reisen keine negativen Erlebnisse gibt. Am besten sollten dem Kind auch keine Menschen begegnen, denn es geht hier hauptsächlich um die Eigenliebe. Nur du und das Kind und das Urvertrauen sind wichtig. Du beschützt dein Kind während der Reisen. Es fühlt sich geborgen und geliebt. Du gibst ihm Halt und das Vertrauen, das es braucht. Sage ihm, dass du dich freust, mit ihm zusammen sein zu können. Sag deinem Inneren Kind Bescheid, wenn du an einem Tag verhindert bist. Es braucht dieses Wissen. So lernt es dir zu vertrauen. Dein Unterbewusstsein kann sich jetzt darauf verlassen, dass du deine Versprechen einhältst und kann sich umprogrammieren.

Nach gut einem Monat kannst du deinem Inneren Kind sagen, dass es jetzt weiß, dass du es liebst und beschützt. Sag ihm, dass ihr eure Gespräche weiterführen könnt, wann immer ihr es wollt, sodass ihr ein schönes Leben miteinander haben könnt.

Du wirst sehen, dein Inneres Kind wird dich immer öfter kontaktieren und es ist vollkommen in Ordnung, wenn du dich mit ihm unterhältst, wann immer ihr beiden Lust dazu habt. Das muss jetzt nicht mehr vor dem Schlafengehen sein. Du kannst mit ihm so oft reisen, wie du willst. Du wirst sehen, du fühlst dich selber entspannter und genährter danach.

Du forderst keine Liebe und Geborgenheit mehr ein, denn du hast gelernt sie dir selber zu geben. Du liebst dich selbst immer mehr und kannst deine Liebe weitergeben. Du strahlst dein inneres Licht aus.

Lektion 12

Schwingungserhöhung durch Dankbarkeit Ritual mit der Venusenergie

Dankbarkeit ist die Annahme von dem, was gerade ist. Indem ich danke, nehme ich es an. Ob es nun ein Geschenk, eine Aufmerksamkeit oder eine Situation ist, die mir gar nicht gefällt. Das, was ist, ist jetzt in meinem Leben und ich nehme es an. Wenn ich es nehme, kann ich es mir ansehen. Ich kann mich daran erfreuen. Ich kann es auch zurückgeben oder auch verändern, wenn es mir nicht gefällt. Wichtig ist, es erst einmal anzusehen und anzunehmen.

Hier meldet sich Gott:

Ich bin das Ich-Bin.

Ich bin in allem, was ist. Es gibt nichts ohne mich. Es kann nichts existieren ohne mich.

Ich brauche von euch keine gesenkten Köpfe, keine Bücklinge, die sich vor mir verbeugen und sich bei mir bedanken. Besonders nicht für Gegebenheiten, die ihr gar nicht wollt oder wolltet.

Wie sollt ihr für etwas dankbar sein, das euch gar nicht gefällt?

Ihr könnt diesem Etwas, diesem Ereignis nur insofern dankbar sein, dass ihr erkennt: »So will ich es nicht!«

Somit dient dies eurer Erkenntnis, was ihr nicht wollt und was ihr wollt. Nur dafür könnt ihr dankbar sein. Dies hilft euch, mehr und mehr das zu werden, was ihr sein wollt. Nämlich gottgleich.

Lasst euch bloß nicht dazu verführen, in den ungeliebten Situationen zu verbleiben und zu meinen, ihr müsstet sie lieben lernen – und dafür noch zu danken! Dankbare Opfer, oh nein!

Ihr seid Götter wie ich, und ihr könnt vielmehr, als ihr euch jemals vorstellen könnt!

Ich, Gott, spreche aus dir heraus. Ich bin in dir. Wie ich bereits aufführte, ich bin in allem, was ist. Deine Frage richtet sich also an dich, an dein innerstes Selbst. »Danke« kommt von dem Wort »denken« und will dir sagen, dass du dir bewusst werden kannst, was in deinem Leben ist. So ist im Grunde das Danken ein Denken in dir, das dir ermöglicht, bewusst das zu erschaffen, was du willst, um glücklich wie Gott zu sein.

»Gott« heißt »gut«. Du kannst dich darauf ausrichten, was gut für dich ist.

»Danke« heißt demnach nur im gegenwärtigen Moment gut zu sein. Wenn ihr das Wort »Danke« benutzt und es aussprecht, meint ihr manchmal, ihr seid dem anderen noch etwas schuldig. Doch ihr seid nie jemandem auch nur irgendetwas schuldig. Wenn ihr jemandem etwas gebt, dann erwartet keine Gegenleistung. Denn was ihr zu geben bereit seid, solltet ihr aus vollem Herzen und aus Freude geben. Da braucht es kein Zurückgeben. Nur, wenn ihr aus Freude gebt und euch beschenkt, ist es wunderbar und das Himmelreich. Schenkt nie etwas nur aus Verpflichtung oder wenn ihr meint, ihr müsstet euch revanchieren. Wirkliche Freude bereitet nur etwas, was ihr mit Liebe dem anderen gebt, aus Liebe für den anderen tut oder aus Freude mit ihm teilt.

Falls ihr jemandem danken wollt, so dankt euch selbst für eure wunderbaren Schöpfungen! Wenn ich euch einen Tipp geben darf, dann lade ich euch dazu ein, das Wort »Danke« mit Achtsamkeit im gegenwärtigen Moment zu belegen. So könnt ihr euch immer wieder erinnern, ganz präsent zu sein. Denn dieses Wort benutzt ihr sehr oft.

Danke, ich denke gut, so ist es!

Leben heißt im gegenwärtigen Moment anzukommen und fühlen, was da ist.

Wenn du also demnächst jemandem Danke sagst, dann schenkst du ihm Aufmerksamkeit für seine Aufmerksamkeit.

Es gibt unendlich viele Dinge und Ereignisse in eurem Leben, die wundervoll sind. Leider wurdet ihr meistens zu wenig gelobt und wurdet auf das aufmerksam gemacht, was ihr noch nicht konntet. Folglich habt ihr euch angewöhnt, mehr Aufmerksamkeit auf eure Defizite und unerfreulichen Dinge zu lenken, anstatt die schönen Dinge zu feiern. Dadurch vermehren sich die unerfreulichen Situationen und Ereignisse in eurer Welt. Durch die vermehrte Aufmerksamkeit auf die Negativität verbleibt ihr permanent in einer niedrigen Schwingung. Erinnert euch an das kosmische Gesetz: Dort, wo eure Aufmerksamkeit hinfließt, nimmt etwas zu. Dort, wo ihr sie abzieht, wird etwas weniger. Was also wollt ihr in euer Leben ziehen?

(Channeling Hohes Selbst)

Es ist so wichtig, uns immer wieder zu erinnern, unseren Fokus auf die vielen herrlichen sowie aussichtsreichen und positiven Möglichkeiten zu richten. So ist Gegenwärtigkeit in jedem Moment wichtig und bedeutet, alles dankbar anzunehmen, was in unserem Leben ist. Alles, was in unser Leben tritt, ist für uns und nicht gegen uns.

Erinnerst du dich an das Kapitel »Vollkommenheit«? Es geht darum, sich zu erinnern, dass alles vollkommen ist.

In Situationen, in denen wir trotz schwieriger Umstände nicht weglaufen, sondern dableiben, können wir erkennen, was ist, und unser Herz dafür öffnen. Wir haben die Möglichkeit, an allen Schwierigkeiten und Herausforderungen zu wachsen.

Ich habe als Psychiatriekrankenschwester folgende Beobachtungen gemacht:

Straftäter, Suchtkranke, Mörder sind durch Ereignisse in ihrer Vergangenheit zu dem geworden, was sie nun sind. Sie haben die Geborgenheit, Liebe und das Vertrauen ins Leben nie erhalten, ganz im Gegenteil. Sie sind weggegeben, misshandelt und missbraucht worden. Der Schmerz, die Wut und die Ablehnung haben sie so grausam werden lassen. Sollen sie für ihr Leid dankbar sein? Nein, das wäre doch eine Lüge.

Sie haben ein Recht, wütend zu sein. Doch der Weg zur größten Heilung führt über die Vergebung zur Liebe. Für diese Erfahrung können wir alle dankbar sein.

Ich glaube, dass Menschen, die sehr viel Schweres erlebt haben, große seelische Tiefe erlangen und sich durch ihre schmerzlichen Erfahrungen zu hochkarätigen Diamanten schleifen lassen können. Da Diamanten sehr harte Steine sind, braucht es eine starke Reibung, um sie zum Strahlen zu bringen.

Also hab Vertrauen und lass dich ein!

Für alles, was an Verschmutzungen abgeschliffen wird, kannst du dankbar sein, denn dadurch fühlst du dich freier und leichter. Du selbst kommst immer mehr zum Vorschein, glitzernd, strahlend und voller Liebe. So, wie du immer im Innern bereits warst. Es ist lange her, dass du dich ganz erkennen konntest, viele Inkarnationen und schmerzvolle Erfahrungen haben sich über deinen Kern gelegt. Jetzt ist es Zeit, ihn wieder zum Strahlen zu bringen.

Übung:

- Finde Situationen aus deinem Leben, die für dich schwierig sind, und beschreibe, warum sie schwierig sind.
- Erkenne die Chancen in ihnen: Was wollen sie dir zeigen?
- Wo können sie dich zu mehr Verständnis und Liebe führen?
- Stelle dich deinen Herausforderungen mit der inneren Haltung, dass du an diesen wachsen kannst. Sei dankbar für deine Chance zu wachsen.
- Nimm alle Erfahrungen in deinem Leben an und danke später für diese Wachstumsmöglichkeit.

Richte deine Aufmerksamkeit immer mehr auf Dinge, Situationen und Zustände, für die du dankbar bist. Es gibt so viele Dinge, für die du dankbar sein kannst. Im Zustand von Dankbarkeit zu sein, erhöht deine Schwingung enorm. Wenn du dankbar bist, nimmst du das Leben an und sagst Ja. Du schließt Frieden mit dem Leben.

Ich möchte dir gerne an dieser Stelle ein Ritual vorstellen, das ich immer am Ende meiner Channeling-Ausbildungsgruppen gemeinsam mit den Teilnehmern gefeiert habe. Du kannst es jederzeit alleine oder in einer Gruppe praktizieren. Mein Hohes Selbst weist mich darauf hin, Folgendes hinzuzufügen: Solange ihr mit eurer Vorstellungskraft und eurem Geist noch nicht klar manifestieren könnt, sind Rituale wie dieses hilfreich und bieten euch zusätzlich einen feierlichen Rahmen.

Venusritual

Zur Vorbereitung des Rituals besorgt euch folgende Utensilien:

- 1 rosa Kerze für Venus und für ihren Engel Anael
- 1 weiße Kerze für das göttliche Licht
- 4 Teelichter für die Erzengel
- 1 rosa Stift und Papier für deinen Wunsch
- Rosen als Dekoration und festliches Essen, gerne in Rosa
- Schale, in der ihr eure Wünsche verbrennen könnt, Zündhölzer

Beginn des Rituals

Visualisiert einen Schutzkreis und betet das Vaterunser oder ein anderes Gebet.

Teilt auf, wer welchen Engel einlädt. Zuerst wird Erzengel Raphael eingeladen. Dazu nimmt derjenige, der ihn anruft, ein Teelicht, wendet sich nach Osten, huldigt dem Engel auf seine persönliche Art und lädt ihn ein. Das erste Teelicht wird auf den Tisch gestellt. Es folgen Erzengel Michael mit einer Anrufung in Richtung Süden, Erzengel Gabriel für den Westen und Erzengel Uriel für den Norden.

Nun wird das göttliche Licht eingeladen und die weiße Kerze angezündet.

Anschließend werden Venus und Erzengel Anael eingeladen. Die rosa Kerze wird entzündet.

Wenn alle Wesenheiten eingeladen sind, schreibt jeder seinen persönlichen Wunsch für dieses Ritual auf einen Zettel. Stellt euch den Wunsch bereits als erfüllt vor und übergebt danach den Zettel den heiligen Flammen des Erzengels Uriel zum Verbrennen.

Jeder gibt einzeln seinen Zettel ins heilige Feuer mit seinen eigenen Worten.

Z. B.: »Ich übergebe meinen Wunsch dem göttlichen Licht und allen Engeln. Er möge dem Wohle aller dienen. Ich freue mich über eine baldige Erfüllung und danke euch für eure Unterstützung. So sei es.«

Danach könnt ihr euer Festmahl genießen, singen, tanzen, feiern und in den hohen Energien channeln, die sich jetzt aufgebaut haben.

Zum Abschluss des Rituals entlasst ihr Venus und Erzengel Anael. Es folgen die vier Erzengel: Zuerst Michael, dann Raphael, Gabriel und Uriel. Bedankt euch bei ihnen für ihre Teilnahme und schickt sie in ihre Sphären zurück.

Der Schutzraum wird jetzt wieder geöffnet und die Energien, die dort entstanden sind, können in die Welt fließen.

Das göttliche Licht darf bleiben.

Dies ist ein sehr schönes und kraftvolles Ritual. Wenn etwas geschafft und vollendet ist, ist dies zu feiern und sich darüber zu freuen.

Wenn du dir sicher bist und das Ritual alleine und ohne Hilfsmittel durchführen willst, kannst du dies auch mittels deiner Vorstellungskraft tun.

III
Beispielchannelings

In diesem Teil des Buches findest du Beispiele, womit du dich überhaupt verbinden kannst. Ich möchte dich ermuntern wahrzunehmen, wer oder was deine Aufmerksamkeit anzieht und sich mit dir austauschen möchte.

Wenn wir erkennen, dass wir stets mit allem verbunden sind, können wir uns in diese Einheit einfügen. Wir gehören dazu, wir sind ein Teil dieser Gemeinschaft. Alles dient uns und wir dienen allem. Wenn dieser Gedanke mit in das Bild unserer Sicht der Dinge einfließt, werden wir die Erde nicht mehr verletzen oder ausbeuten. Wir werden anfangen zu erkennen, dass wir in einem wechselseitigen Austausch mit allem stehen. So können wir unsere Überheblichkeit gegenüber der Schöpfung neutralisieren und anfangen, alles als uns zugehörig und gleichwertig zu sehen.

Du kannst durch das Channeln erfahren, warum dir gerade diese Blume oder jene Pflanze begegnet, was dir eine Landschaft oder ein Stein sagen will oder wie ein Tier dich unterstützt.

Diese Verbindung zum Herzen der Dinge herzustellen, wird immer einfacher werden. Du kannst deine eigene Methode wählen. Es gibt viele Wege, wähle deine eigene Methode. Deine Intention sollte immer dem Wohle aller dienen.

Verbinden mit bestimmten Energien:

Meine Lieben, in Wirklichkeit ist alles Schwingung und Energie und hat eine bestimmte Frequenz und Information. So könnt ihr mich bitten, die Informationen zu Buchstabenenergien, Zahlenenergien Wortenergien und auch zu Planetenenergien abzurufen. Hier folgt jetzt ein Channeling zu der Planetenenergie Venus.

(Hohes Selbst)

Dazu verbindest du dich mit deinem Hohen Selbst, so wie du es gelernt hast, und bittest um ein Channeling zu dieser Energie. Wichtig ist immer die konkrete Fragestellung: Ist es ein allgemeines Channeling oder ist es ein persönliches für dich oder jemand anderen? Das persönliche ist immer individueller als ein allgemeines.

Allgemeines Channeling
Frage: Wie können wir die Venusenergie jetzt auf der Erde leben?

Geliebtes Wesen, meine Energie erreicht dich, wenn du in den Dingen bist, in dem, was du tust, dort, wo du ganz im Jetzt bist in deinem Tun, mit offenem Herzen.

Öffne dein Herz für alles und jeden, dem du begegnest, natürlich auch für dich selbst.
Damit berührst du alles und verbreitest die Liebe auf der Erde.

Fühlst du, wie aufgeregt du bist?

Wenn du liebst, ist alles gut. Wenn du liebst, gibt es keine Gefühle von Zorn und Wut mehr. Entscheide dich für die Liebe, denn diese heilt alles.
Genieße die Schönheit dieser Welt, schaue sie mit liebenden Augen an. Denn alles, was du mit Liebe ansiehst, ist oder wird durch die Liebe schön. Mache es dir schön in deinem Leben, das ist eine Notwendigkeit, die dir hilft, dich mehr in meiner Energie aufzuhalten.

Liebe dich und deinen Körper, behandle ihn gut. Kleide dich so, wie es dir gefällt und mache dich schön. Wertschätze dich. Du bist schön!
Je mehr Schönheit du sehen kannst, desto mehr Schönheit ist in deinem Leben. So kann dir auch immer mehr Fülle zufließen.

Sei kreativ und mache aus allem das Beste und Schönste. Das ist meine Energie. Ich bin ästhetisch, formschön und ganz erfüllt von meiner Liebe zu mir. Sei du es auch!

Erlaube dir, auch schöne Dinge zu haben, sie zu genießen und glücklich mit ihnen zu sein.

Am allerwichtigsten aber ist, die Liebe an alles und an jeden zu verschenken, denn die Liebe heilt alles und das ist das, was das Universum zusammenhält.

(Channeling Venusenergie)

Frage: Wie verbinde ich mich mit Pflanzen, Blumen und Bäumen?

Es gibt eine Gruppenseele für alle Pflanzen, Blumen und Bäume.

Du kannst die Gruppenseele der Pflanzen befragen, die Gruppenseele einer bestimmten Pflanzengruppe oder die Seele einer bestimmten Pflanze. Am besten gelingt dir die Verbindung, wenn du deine Liebe zu dieser Pflanze sendest. Bei mir wuchs in diesem Jahr das erste Mal ein Fingerhut in meinem Garten, ohne dass ich ihn gepflanzt oder ausgesät hätte. Bei einer kurz darauffolgenden Wanderung sah ich ganz viele dieser Pflanzen. Das veranlasste mich dazu, sie zu beachten und diese Pflanzenseele zu channeln.

Beispiel: Allgemeines Channeling zu Digitalis (Fingerhut)

Ich bitte das Pflanzenwesen des Fingerhuts, mir Informationen zu der Pflanze zu geben.

Der Fingerhut ist eine von euch gefürchtete Pflanze in euren Gärten, da sie als giftig bekannt ist. Wenn Kinder sie roh essen würden, könnten sie sich vergiften. Doch Kinder würden dies gar nicht tun, denn die Pflanze würde ihnen nicht schmecken. Sie würden sie ausspucken. Ich möchte damit nur zeigen, dass die Pflanze ruhig in euren Gärten wachsen darf, besser sogar soll. Sie kommt nämlich mit großen Heilkräften zu euch. Sie will euch dienen. Sie breitet sich jetzt mehr und mehr wieder in der freien Natur aus, weil sie weiß, dass sie euch in eurer Herzheilung unterstützen kann, sofern ihr dies denn bereit seid anzunehmen.

Sie hat die Information der Transformation des Giftigen, Bösen in sich und kann sie in eine höhere Oktave der Liebe verwandeln. Euer Herz wurde oft mit giftigen Gedanken, Taten und durch giftige Umstände vergiftet. Lasst also mich, den Fingerhut, wachsen und ehrt mich, lasst mich mich ausbreiten in euren Gärten und verändert mich nicht.

Ihr benutzt mich auch zur Herstellung von Medikamenten, jedoch sind diese Züchtungen von mir nicht die reine Form, wie wir in der Natur vorkommen. Sie sind mit der Information des Profits belegt und somit dienen sie etwas anderem als der bedingungslosen Heilung eurer Herzen.

Frage an das Pflanzenwesen:
»Wie können wir eure Information der Transformation des Herzens in uns aufnehmen?«

Dies könnt ihr auf vielfältige Weise tun. Ihr könnt mich ansehen und bitten, euch zu helfen, meine Energie in euch aufzunehmen. Ihr könnt auch einen Fingerhut abzupfen, einen Kelch meine ich, und ihn euch auf euer Herz legen. Ihr könnt euch auch ein Foto von mir ansehen und meine Energie in euch aufnehmen. Ihr könnt euch auch im Geiste mit mir verbinden und euch von mir durchdringen lassen. Ihr könnt dann fast sofort meine Heilkraft fühlen. Wenn ich in deiner Umgebung bin, sende ich dir meine entgiftenden und heilenden Kräfte, sofern du bereit bist, sie in dir aufzunehmen. Bitte, so gebe ich dir gerne!

Beispiel: Persönliches Channeling zum Fingerhut für mich, Christina

Ich frage die Fingerhutpflanze, die in meinem Garten wächst: »Warum bist du zu mir gekommen? Kannst du mir helfen?«

Sehr gerne, du hast lange damit gewartet, mich zu fragen. Was fürchtest du loslassen zu müssen, wenn ich dich berühre und damit verwandle?

»Oh, ich glaube, es sind die alten Verletzungen. Ich meine, dass ich sie nicht einfach loslassen kann, weil ich dann möglicherweise wieder selbst verletzt werde.«

Ein liebendes Herz kann nicht verletzt werden und auch nicht verletzen. Das sind nur deine alten Vorstellungen. Wenn du dich liebst und auch den anderen oder die anderen, wie kannst du dann verletzen oder verletzt werden?

Auch wenn der andere geht, auch wenn er sich von dir abwendet, weil er deine Liebe nicht aushalten kann, kannst du ihn gehen lassen. Deine Liebe bleibt. Du kannst weiter lieben: Dich und auch den anderen, auch wenn er fort ist. Dein Herz will doch nur fließen, überfließen vor Liebe und dadurch kannst du von Liebe zu Liebe weiter schreiten. Es gibt nichts anderes. Trinke aus meinem Blütenkelch und lass dich fließen. Wenn du dich zurückhältst, bekommst du Schmerzen, hohen Blutdruck und so weiter. Was willst du?

Verbindung mit Energien eines bestimmten Ortes

An bestimmten Orten sind Informationen und Energien besonders intensiv fühl- und wahrnehmbar. Du bist sicherlich schon einmal in einen Raum gekommen und hast sofort gespürt, dass da »dicke Luft« ist, wenn dort z. B. vor kurzem noch Streit gewesen ist. Du brauchst dies nicht zu wissen, du kannst es fühlen. Die Energie steht dann noch im Raum, bis sie geklärt wird.

Du kannst darum bitten, Informationen zu einem bestimmten Platz zu erhalten.

Bei einer Wanderung machten wir Rast auf den Dicken Steinen in Nümbrecht, die ein Kraftplatz sein sollen. Ich entfernte mich ein wenig von der Gruppe und lehnte mich an einen dicken Stein, verband mich mit der Energie des Ortes und bat um Informationen zu diesem Platz.

Beispiel: Dicke Steine in Nümbrecht

Frage: Was könnt ihr uns erzählen?

Wir sind in Millionen von Jahren zu Stein geworden, zu so fester Materie.

In uns ist vieles gespeichert und eingeschlossen, was in all der Zeit auf uns eingestürmt ist.

So haben wir viel gesehen und können euch lehren, durch die Zeiten zu reisen.

Es hat Zeiten gegeben, wo wir Sand waren, fein und pulvrig.

Ihr könnt jetzt eure Mauern aus steinharten Konditionierungen und Erinnerungen zerlieben, indem wir euch an eure lichte, leichte und noch formbare Wesenheit erinnern.

Diese Erinnerung ist in uns sowie die Erinnerung, in welch starren Formen und Strukturen ihr euch bewegt.

Alles kann sich verfestigen, um sich dann auch wieder aufzulösen. Je mehr ihr erkennt, dass dies so ist, desto leichter, kreativer und lebendiger wird euer Leben.

Denn alles unterliegt der Veränderung. Erlaubt dies und werdet wieder flexibel und dadurch frei euch zu formen, wie es euch entspricht.

(Dicke Steine)

Verbindung aufnehmen mit Energien von Bauwerken

Gebäude wie Kathedralen, Schlösser, Burgen, Kirchen sind ebenfalls mit besonderen Energien aufgeladen. Sie stehen immer auf Energielinien und an Orten, wo sich Erdlinien treffen und kreuzen. Die Energien, die von der Erde aufsteigen, fließen an diesen Orten sehr stark. Der Besuch von Kraftplätzen lädt immer dazu ein, sich mit den Energien dort auszutauschen.

2010 veranstaltete ich mit einer Freundin eine Gruppenreise nach Kairo / Gizeh.

Bevor wir die Cheops-Pyramide besuchten, habe ich für die Gruppe gechannelt.

Meine Frage lautete:

Was können wir tun, um eine Zeitlang als Gruppe alleine in der Königskammer der Cheops-Pyramide in Gizeh zu meditieren?

Es meldete sich Ramses der Dritte:

Bitte meditiert vor dem Besuch mit der Pyramide!

Für jeden von euch hat sie eine andere Bedeutung. Manifestiert mit Hilfe eurer Gedanken den ungestörten Aufenthalt in der Königskammer.

Ihr dürft dort tönen und du, Liebes, darfst channeln. Die Verbindung ist dort besonders gut zu spüren. Tönt jeder euren eigenen Laut, bis sich das Ganze in Harmonie findet. Lasst es zu, dass ihr anders seid und nach und nach trotzdem eine schöne Sinfonie zusammenbringt. Überstrapaziert euch nicht mit eurem Ehrgeiz, gleich sein zu wollen und auch nicht damit, so lange wie möglich in der Königskammer verweilen zu wollen. Achtet auf Impulse zum Abstieg. Verfestigt nicht den Gedanken »je länger desto besser«. Ein Zuviel kann genauso schaden wie ein Verzichten auf diese Energie. Findet die liebevolle Mitte. Ich bin bei euch. Was ihr dort erfahren könnt, ist die Verbindung zum Göttlichen.

Wir hatten am folgenden Tag tatsächlich, trotz vieler Besucher, eine Zeitlang alleine in der Königskammer verweilen können, ohne dies vorher angemeldet zu haben.

Channeling in der Königskammer der Cheops-Pyramide

Hier findest du die Verbindung zur Quelle allen Seins.
Hier ist die Macht erlöst.
Ich, Gott, regiere, obwohl man mich nicht sieht. Ich brauche mich nicht in den Mittelpunkt zu stellen. Ich habe die Macht, ich muss sie jedoch nicht gebrauchen. Ich kann euch lassen, so wie ihr seid, mit und ohne Macht.

Es geht darum, zu sein und sich nicht vom äußeren Schein ablenken zu lassen. Auch wenn die Stimmen und das Gewirr im Außen noch so groß und laut sind, hört dies:
Lass dich davon nicht ablenken!
Lass dich nicht von deinem Weg abbringen!
Bleibe in der Liebe, im göttlichen Sein!

So ist Liebe: Dich sein zu lassen.
Deine eigene Liebe versprühen, einfach laufen und fließen lassen, wohin du auch schaust und gehst oder deine Aufmerksamkeit lenkst, du wundervoller Rohdiamant.

Du wirst sowieso in all der Zeit geschliffen, bis du wieder zu mir nach Hause kommst und dein Licht von all den dunklen Schleiern befreit hast.
Trau dich, du bist leuchtend, funkelnd und wunderschön in deiner Essenz.

(gechannelt: Gott)

Verbindung mit Statuen, Figuren, Symbolen

Du kannst dich mit verschiedenen Statuen, Figuren, Dolmen, Menhiren und Steinformationen verbinden. Auch dazu gibt es wieder persönliche und allgemeine Botschaften. Was bei dem folgenden Channeling auffällt ist, dass die Energie sich immer wieder auf Englisch channeln wollte. Du kannst dann darum bitten, dass sie in deiner Muttersprache sprechen möge, um sprachliche Missverständnisse auszuschließen.

Allgemeines Channeling zur Sphinx 2010

Es wimmelte nur so von Menschen. Ich konnte die Sphinx nur aus einiger Entfernung channeln:

I am a God of life and I say: You have all hapiness in you.

Please speak in German!

Okay, ich bin ein Mensch mit animalischen Trieben. Der Kopf steht über den Trieben: Du bist Herrscher deiner Triebe. Du kannst alles lenken, auch deine Gefühle. You know it, so you can be in freedom.

Please speak in German!

Du bist mächtig, wenn du diese Kraft in dir aufnimmst. An mir kannst du sehen, wie du angefeindet wirst, wenn du wirklich lebst, was es zu leben gilt. Siehst du, wie ich an Gesicht verloren habe? Ich konnte mein Gesicht nicht wahren, ich musste es verlieren. Es geht nämlich nicht um äußere Schönheit. Diese vergeht, genauso wie der Wind den Sand verweht. So vergehst auch du. Nicht aber deine Essenz, diese bleibt ewig. Trotzdem siehst du meine Würde, mit der ich dir begegne!

(gechannelt: Sphinx)

Verbindung zu Tieren aufnehmen

Hier findest du ein Gruppen-Channeling zu Haustieren. Du könntest auch ein allgemeines Channeling für Tiere anfordern. Möglich wäre auch ein Channeling: Gruppenseele Hunde, Katzen usw. Du kannst um Informationen bitten, die für alle Menschen allgemein gelten. Du könntest auch darum bitten zu erfahren, was die Tiere für dich persönlich zu sagen haben. Deine genaue Ausrichtung durch deine Fragestellung ist wichtig. Vertraue darauf, dass sich offenbart, was du wissen willst. Richte dich auf die höchsten Liebesenergien aus und lasse sie fließen.

Gruppenseele: Haustiere

Frage: Wozu sind Tiere in unserem Umfeld da?

Alle Tiere, die bei euch mit in eurem Haushalt leben sowie Tiere, die ihr als sogenannte Nutztiere bei euch haltet, haben sich entschlossen, euch eurer Bewusstwerdung zu dienen. Ihr habt uns lange als niedere Wesen gesehen und auch so behandelt nach dem Motto: »Macht euch die Erde untertan.«

So langsam steigt in euch die Erinnerung auf, dass auch wir beseelt sind. Wir haben nicht so einen Denkapparat wie ihr und können daher mehr aus unserem Instinkt und unserer Intuition heraus handeln. Genau das dürft ihr jetzt auch lernen und mehr eure Instinkte in euch aufsteigen lassen!

Euch bewegt stark die Frage, wie es mit der Zuchttierhaltung aussieht und ob es richtig ist, uns so unwürdig zu behandeln und in Käfigen einzusperren, damit ihr täglich mehrmals unser Fleisch und unsere Produkte verspeisen könnt.

Wir dienen euch gerne und helfen euch in eurer Bewusstwerdung. Alles, was ihr uns angetan habt, habt ihr euch auch selber angetan. Ihr habt euch auch in Käfige der Sklaverei sperren lassen, um anderen Herren zu dienen, euren Chefs, die euch innerlich auffressen und sich daran ergötzen, euch nach ihrer Pfeife tanzen zu lassen.

Die Pyramide der Macht geht immer von oben nach unten. Der Schwächere wird unterdrückt, damit der Stärkere sich besser fühlen kann. So unterdrücken pseudostarke Männer und Frauen kleine Kinder und misshandeln sie und pseudostarke Männer und Frauen unterdrücken Tiere, die sich nicht wehren können.

Es wird Zeit, dass wir alle nebeneinander existieren können, friedlich, ohne dass der eine den anderen unterdrückt. Die Kleinen haben andere Qualitäten als die Großen und wir alle können voneinander lernen. Wenn ihr jetzt immer mehr anfangt, euch mit uns zu verbinden, dann wird auch immer mehr Verständnis für uns und auch für das, was wir euch zeigen und zu geben haben, aufkommen.

(Allgemeines Channeling mit der Gruppenseele der Haustiere)

Persönliches Katzen-Channeling

Um zu zeigen, wie ein persönliches Tier-Channeling aussehen kann, bat ich darum, es möge sich ein Tier melden, das mir eine persönliche Botschaft überbringe. Ich hatte vorzugsweise an einen Hund gedacht, weil ich meinte, dass dies das häufigste Tierwesen sei, das bei den Menschen lebt. Es fand sich aber kein Hund, der mit mir sprechen wollte.

Ich ließ in meinem Innern die Fixierung auf einen Hund los und bekundete, dass ich mich auf das Tier freue, welches mir eine persönliche Nachricht bringen könne.

Zu meiner Überraschung meldete sich unsere seit über zwanzig Jahren verstorbene Katzenseele Minka:

Geliebtes Licht, ich bin es, eure Minka. Ich war sehr gerne bei euch. Ich war für deine Kinder da, besonders für den Kleineren. Meine Liebe floss zu euch. Es war schwer für euch, alle alleine ohne Vater zu sein. Ich sage für euch alle, denn auch du, geliebtes Licht, hast die liebevolle Unterstützung von deinem Vater nicht kennengelernt und auch nicht erhalten.

Es war und ist jetzt noch eine Aufgabe für euch alle drei, diese stützende, vorwärtstreibende, selbstsichere und liebende Kraft in euch selbst zu finden und zu aktivieren.

Ich habe immer wieder versucht, euch das vorzuleben. Ich bin von meiner Mutter sehr früh getrennt worden, als ich zu euch kam und habe die Mutterliebe nur kurz kennengelernt. Ich habe bei euch gelernt, selbständig zu werden.

Mein Sohn Rambo, den ich eine Zeitlang bei mir haben durfte, hatte die männliche Kraft sehr stark in sich und hat sie auch nach außen gelebt. So konnte ich und auch ihr von dieser Kraft etwas in euch aufnehmen. Ist das nicht wunderbar?

Geliebtes Licht, (gemeint bin ich, Christina) deinem Vater Willi war diese Kraft unheimlich und gefährlich. Der Kater war so etwas wie eine Konkurrenz für ihn. Dein Vater konnte diese Kraft nicht ungehemmt ausleben. So musste er sie aus seinem Gesichtsfeld eliminieren.

Auch Rambo ist jetzt bei mir und sendet euch allen Kraft und Stärke. Vielleicht könnt ihr fühlen, dass ihr stärker und stärker werdet.

Wir sind jetzt formlos und einfach strömende Energie und wir senden euch Qualitäten des väterlichen, mutigen und haltgebenden Prinzips. So schließt sich der Kreislauf. Ihr wart für uns da, jetzt sind wir für euch da!

Verbindung mit einem aufgestiegenen Meister aufnehmen

Oft weiß ich nicht, wer in der geistigen Welt der Experte für bestimmte Fragen ist. Dann frage ich in mich selbst hinein: Wer möchte mir dazu etwas erzählen? – und warte, bis sich jemand meldet. Es geht bei mir ganz schnell, denn die geistige Welt freut sich, mit uns zu kommunizieren. So erhielt ich bei der folgenden Frage eine Verbindung zu St. Germain. Er ist ein aufgestiegener Meister des Violetten Strahls. Er hatte bereits viele Inkarnationen auf der Erde.

Meine Frage lautete: Wie wirken die Ahnen auf uns?

Wisse, dass du ein persönliches Karma und auch eines von deinen Ahnen in dir trägst. Du fragst jetzt nach den Ahnenthemen.

Gewisse Themen bekommst du von deiner Familie mit in deine Wiege gelegt. Aus diesem Grund bist du ja auch in diese Familie hineingeboren. Du wolltest dies erfahren und ein Stück an diesem Prozess heilen, soweit es dir möglich ist. Da gewisse Probleme über Generationen bestehen, ist es so schwierig, diese alten und fest in euer Zellgewebe eingebrannten Erinnerungen zu heilen. Sie sind fest in euren Körpern gespeichert. Das ist die Versteinerung oder Verhärtung, von der wir sprechen. Um diese zu lösen, braucht es ein Bewusstsein für die übernommenen Ahnenthemen, den Wunsch, diese zu heilen und die Bereitschaft, sie loszulassen, z. B. folgendermaßen: Ich habe dieses Muster erkannt, ich habe damit genug Erfahrungen gemacht und ich entscheide mich jetzt für diese oder jene neue Erfahrung.

Denn wisse, ohne deine bewusste Zustimmung geschieht gar nichts.

So möchte ich dir Mut machen, dir klar zu werden, welche Themen du von deiner Familie übernommen hast, um dann dort Heilung und Klärung hineinzubringen.

Du kannst etwas, was du von deinen Eltern oder Großeltern übernommen hast, wieder an sie zurückgeben, wenn es dir nicht mehr dienlich ist. Das ist dann dein Erkenntnisprozess. Was du im Wesentlichen erkennst und als bewusstes Wesen ändern willst, kann heilen.

So ist es.

Dein Wille geschehe!

(Allgemeines Channeling Juli 2020 von St. Germain)

Channelings mit Verstorbenen

Wenn du eine verstorbene Seele rufen möchtest, um mit ihr in Kontakt zu treten, dann ist es wichtig, dass du mit ihr auf Seelenebene kommunizierst. Auf Seelenebene zu kommunizieren beinhaltet unter anderem, dass sich die verstorbenen Seelen nicht mehr im Detail an Kleinigkeiten ihres irdischen Lebens erinnern können. Sie können z. B. Namen vergessen haben. Wenn du sie auf der irdischen Ebene erreichen willst, musst du deine Energie dieser Ebene anpassen. Du sinkst dadurch auf ein niedrigeres Energieniveau, was für dich nicht förderlich ist. Ein niedrigeres Energieniveau ist aber dann nötig, wenn z. B. ein Verbrechen aufgeklärt werden muss. Auf der Seelenebene, die höher schwingt, sind die Botschaften liebevoller und lichtvoller.

Wenn ein Klient zu mir kommt, stelle ich für den Verstorbenen eine Kerze in circa zwei Metern Abstand zu uns auf und bitte die Seele, dort zu erscheinen. Dann warten wir auf Impulse. Wenn die Energie erscheint, kannst du sie fühlen und das Gespräch beginnen. Die Intention für ein Seelengespräch sollte immer dem Wohle aller Beteiligten dienen. Ich selber habe mich entschieden, Verstorbene erst zu rufen, wenn sie mindestens seit einem Jahr verstorben sind, weil ich sie auf ihrer Reise in die neue Welt nicht stören möchte. Manchmal melden sie sich früher und wollen ins Licht geleitet werden. Dann schicke ich sie über eine Regenbogenbrücke zu Gott.

Mein persönliches Ahnen-Channeling

Bei einem persönlichen Channeling könntest du darum bitten, dass sich ein Ahne meldet, der dir helfen kann, dein Thema zu beleuchten oder es sogar zu erlösen. Ich vertraue immer auf meine Intuition. Du kannst gezielt jemanden rufen oder darum bitten, dass sich jemand zeigt.

Die erste Ahnin, die sich mir zeigte, war meine Oma Karoline. Ich bat sie um ein Beispiel-Channeling für mein Buch.

Meine Großmutter Karoline (gest. 19.01.1979) war lange meine Geistführerin. Ich freute mich und bat sie, mir zu sagen, wie meine Ahnen noch heute auf mich wirken.

Kristelka, (so nannte sie mich als kleines Mädchen) *ich bin oft bei dir in deiner Nähe und möchte dir Mut machen, deinen Weg der Liebe und Vergebung weiter zu gehen. Du weißt, dass ich meine fünf Söhne und meinen Mann im Krieg verloren habe. Ich war und bin im Frieden damit.*

Ich habe mich immer um deinen Vater gesorgt, da er so viel Schweres in seiner Jugend erleben musste. So habe ich mich dir immer wieder genähert, um dir zu zeigen, wie du ihn verstehen kannst.

Ich weiß, dass du sehr viel Schweres von ihm in dir aufgenommen hast, was er an Last zu tragen hatte. Das darf jetzt aus deinem Körper weichen. Dein Papa, mein Sohn Willi, ist jetzt bei mir und er dankt dir sehr für deine Liebe und deine Kraft, all das zu tragen. Er breitet seine Arme aus und bittet dich, all das Schwere, was du bis jetzt für ihn getragen hast, zu ihm zurückfließen zu lassen.

Zwiegespräch mit meinem Hohen Selbst

Du kannst mit allen Wesenheiten ein Gespräch führen. Hier ein gechannelter Dialog zum Thema Angst

Verbirgt sich hinter jeder Angst ein Wunsch? Was ist mein Wunsch, der hinter der Angst steckt, dass ich abgelehnt und verurteilt werde?

Na, du wünscht dir angenommen und geliebt zu werden. Aber meistens kreist dann ständig die Angst in deinem Kopf herum, dass du abgelehnt und verurteilt wirst und dann geschieht das auch.

Welcher Wunsch verbirgt sich dahinter, wenn ich große Angst davor habe, alleine zu bleiben?

Deine Gedanken kreisen dann um das Thema, dass du möglicherweise dein Leben lang alleine bleibst. Das manifestiert sich dann natürlich. Frei wirst du erst, wenn du dich der Angst stellst.

Welcher Wunsch steckt dahinter?

Du willst natürlich frei sein zu entscheiden, ob du mit jemandem zusammen leben willst oder nicht.

Soll ich mir das Alleinsein wirklich bis zum schlimmsten Ende vorstellen? Ist das nicht kontraproduktiv?

Wenn du dir das Dilemma, wie du sagst, vorstellst, braucht es in der Realität nicht mehr zu geschehen, denn die Vorstellungskraft wirkt genauso stark, als wenn etwas tatsächlich passiert wäre. Du willst doch hier auf der Erde nur Erfahrungen sammeln. Die kannst du doch auch auf der Vorstellungsebene machen.

Ich habe gedacht, ich würde mit negativen Gedanken negative Dinge in mein Leben ziehen. Wenn ich mir zum Beispiel immer wieder vorstelle, wie schrecklich es ist, immer alleine zu bleiben, wird mich doch keiner anrufen und ich werde wohl auch keine Anstalten machen, jemanden zu kontaktieren. Ich verstehe das nicht: Ich dachte, ich müsste immer positiv denken!

Mit eurem positiven Denken könnt ihr euch auch schön verarschen, wie ihr so sagt.

Es geht doch nicht, dass ihr euch einfach eure Ängste schönredet und dann sind sie weg. Wann hat denn so etwas schon funktioniert?

Hm, negative Gedanken ziehen mich runter. Mir geht es schlecht, das zieht meine Schwingung runter. Wie soll ich da rauskommen?

Wenn ihr wirklich ganz hinuntersteigen würdet in die Dunkelheit und in die Angst, dann würdet ihr erkennen, dass ihr auch wieder herauskommt, nämlich dann, wenn ihr euch getraut habt, das tiefste Gefühl, die tiefste Angst zu fühlen. Irgendwann ist es zu Ende und dann geht es wieder bergauf.

Ich glaube, das ist eure falsch verstandene Ablehnung von dem Dunklen, das ihr als böse bezeichnet. Das Dunkle ist nicht böse, es ist auch nicht schlecht. Es gehört einfach zum Wachstum dazu. Wenn ihr nicht wachsen wollt, dann braucht ihr nur auf das Lichte und Schöne zu gucken und »Halleluja« zu singen.

Heißt das, ich soll meiner Angst erlauben, mich zu beherrschen?

Deine Angst beherrscht dich doch nur, wenn du Angst vor ihr hast und sie vermeiden willst.

Ich habe mich früher aus Angst nicht getraut, mit Menschen zu reden. Sollte ich das dann mein Leben lang so machen? Das kann doch nicht richtig sein?

Wenn du deine Angst, mit Menschen zu reden oder auch in Gruppen zu sprechen fühlst und sie dich lähmt, dann ist es doch am besten, du fühlst dieses Gelähmt-Sein oder auch das Erstarrt-Sein.

Es ist doch unmenschlich, dich dagegen aufzulehnen und mit übermenschlicher Kraft dagegen anzukämpfen. Ist das liebevoller Umgang mit dir? Du nimmst dich dann selber nicht ernst. Ist doch gemein. Sei mitfühlend mit dir. Sage »Ja, so ist es! Es fühlt sich schrecklich an! Ich halte dich, Angst! Ich liebe dich und ich lasse dich nicht allein!«

Manchmal ist die Angst ja auch lebensbedrohlich. So, dass du meinst, du würdest ersticken und sterben. Das ist dann wie ein Schock. Wenn du in der Angst nicht drinbleibst und sie so schnell wie möglich wegmachst, weil es sich so schrecklich anfühlt, sinkt sie in deinen Körper. Sie verbleibt dort und wird abgespeichert. So kannst du viel Angst sammeln. Das hast du übrigens auch in deiner Kindheit getan. Wenn etwas zu schlimm war, wurde es einfach im Körper abgelagert, das war damals zu deinem Schutz.

Ihr Lieben, es wird Zeit, dass ihr aufhört, negative Gefühle, wie ihr sie nennt, zu horten. Sie wollen sich befreien und aus euren Körpern gelöst werden. Hört also bitte auf, euch zu beherrschen, sondern lasst das zu, was in euch ist und sich zeigen will. Wenn das nächste Mal ein Gefühl aufsteigen will, was unangenehm für euch ist, dann lauft nicht weg, bleibt da und fühlt es. Es lohnt sich! So kann alles heilen. Kein Gefühl ist schlecht und böse. Es gehört alles zusammen.

So können die destruktiven Ausdrucksformen von Gewalt und Gemeinheit im Außen überflüssig werden, denn diese resultieren hauptsächlich von unterdrückten Gefühlen, die sich so ihre Bahn brechen mussten, um sich auszudrücken.

(Diskussionsgespräch mit dem Höheren Selbst)

Allgemeines Channeling mit einem Körperorgan

Ich frage in mich hinein, weil ich ein Beispiel-Channeling für dieses Buch möchte: Welches Organ oder welcher Körperteil möchte mir jetzt etwas mitteilen?
Es taucht in mir das Nervensystem auf, und zwar der Nervus Sympathikus.

Liebe Menschenseele, ich melde mich durch dich, weil ich für viele von euch eine Botschaft habe. Eine, die für euch kollektiv wichtig ist. Ich möchte euch mitteilen, dass ich mich völlig überfordert fühle. Ich bin es, der in ein Burn-out zu fallen droht. Ich bin es, der in euch die männliche, aktive Energie repräsentiert. Eine, die alles selber machen will. Eine, die alles unter Kontrolle halten will. Eine, die sich absichern und versichern will gegen alle Widrigkeiten des Lebens. Doch das Leben will sich selbst entfalten, es will dich überraschen und es will fließen.

Das ist meine alte Energie, die aus Angst diese Sicherheiten benötigte.

Lasst mich jetzt ausruhen und erlaubt meinem Zwilling, in euch zu wirken! Er wurde lange von mir unterdrückt. Ich weiß, ich meinte, ich wäre besser, klüger als er. Doch das stimmt nicht. Ich gelange jetzt an meine Grenzen, wo ich nicht mehr weiter weiß, wo ich mich überfordert fühle und wo ich anfange zu verstehen, dass auch mein Zwilling, der Parasympathikus, seine Qualitäten hat. Qualitäten des Vertrauens, des Sich-in-Gott-Geborgenfühlens, des Einfach-nur-Daseins. Nach so viel Aktivität braucht es auch Ruhephasen. Ruhepausen, in denen sich mein System regenerieren und erholen kann. Das erkenne ich jetzt. Jetzt, wo ich so ziemlich am Ende meiner Kräfte und meiner Weisheit bin. Ich habe mich überschätzt, mich überbewertet, mich höher gestellt und habe meinen Bruder klein gemacht. Doch mein Bruder sagt: Lass nur, es hat alles seinen Sinn. Du brauchst dich nicht zu entschuldigen. Ich war zu feige und auch zu faul, um mich dir entgegenzustellen, weil ich zu lethargisch bin, weil ich mich selbst nicht so wichtig genommen habe. Weil ich selbst meinte, passiv zu sein sei schlecht. Doch ich bin nicht schlecht, ich bin nur anders und ich sehe, dass du mich jetzt dringend brauchst. Ich werde mich wichtiger nehmen, viel wichtiger als bisher! So werde ich mehr in den Vordergrund treten. Ich kann es! Ich bin nicht kleiner und schwächer als du, mein Bruder. Ich bin wichtig, du brauchst mich, jetzt weiß ich es!

Verbindung mit Mutter Erde / Lady Gaia

März 2020. Corona ist gerade in Deutschland ausgebrochen

Frage: Was ist jetzt wichtig für uns Menschen?

Meine lieben Menschenkinder,

ich melde mich zu Wort, weil ich euch sagen möchte, dass ich mich in einem großen Umwandlungsprozess befinde. In einem Wandlungsprozess, in dem ich erkenne, wie wichtig ich für euch bin, denn ohne mich könntet ihr nicht existieren, könntet ihr eure wertvollen Erfahrungen in euren physischen Körpern nicht auf mir machen.

So erkenne ich nun, dass ich die Schöpfergöttin bin, die Gebärende, die neues Leben Erschaffende.

So lange habe ich erlaubt, dass ihr mich missachtet und missbraucht, auf mir herumtrampelt und mich ausnutzt.

Ich sage das nicht, weil ich Mitleid von euch haben will. Ich möchte, dass ihr erkennt, dass ihr, genauso wie ich, euer eigenes weibliches Wesen, egal ob Mann oder Frau, verraten und verleugnet habt. Ihr habt diese werdende Kraft, diese selbstverständliche Heimat in euren Körpern vergessen, verraten und ausgebeutet, oft bis zur totalen Erschöpfung.

So ist jetzt Ruhe angesagt, Pause. Diese Pause ist eine schöpferische Pause, in der du einfach abwarten kannst, was in dir neu geboren wird. So, wie eine Schwangere wartet, bis sie ihr Baby in ihren Armen halten kann.

Die Zeiten der Ruhe und der Einkehr gehören zu eurem Leben, genauso wie Zeiten der Aktivität. Ihr habt die Zeiten des Beschäftigt-Seins überstrapaziert, sodass mein System und auch das eure überstrapaziert wurden. Die Natur erwacht jetzt, genauso, wie ihr aus eurem Dämmerschlaf erwachen könnt. Beobachtet einfach, wie es auf mir und in mir geschieht. Welche Samen wollt ihr säen?

Jetzt?

Wollt ihr Chaos und Unkraut wachsen lassen, dann könnt ihr euch weiter treiben lassen in euren Gedanken und eurem Tun.

Wollt ihr Liebe, wunderschöne Blumen und Früchte wachsen lassen? Dann sät diese! Ich meine es wörtlich, aber besonders auch bildlich. Schöne Blumen sind schöne Gefühle und herrliche Früchte sind fruchtbare Gedanken! Wählt, was ihr jetzt säen wollt und richtet euch danach aus. Denn ihr könnt es. Erkennt, dass ihr die Schöpfer-Göttinnen und auch -Götter seid.

Das Erwachen der weiblichen, werdenden und gebärenden Kraft geschieht jetzt. Die männliche, rationale und nur nach außen drängende Kraft kann sich jetzt ausruhen und erholen und darf lernen, sich zu entspannen und sich dem Fluss des Lebens hinzugeben.

Das ist, was jetzt geschieht und geschehen wird. Ich finde zu meiner Würde und Kraft zurück und das wirst du auch, ob du nun eine Frau bist oder ein Mann, denn ich bin in jedem von euch. Es ist Zeit, die Energien auszugleichen. Nichts ist besser oder schlechter, nichts geringer oder auch größer.

So ist es!

Ich freue mich, mir meine Kraft, meine Würde und meine Liebe zu mir selbst zurückzuholen, denn ich habe erkannt, wie wichtig und wie groß ich bin. Erkenne du dies auch!

Eure Mutter Erde / Lady Gaia

(Channeling Lady Gaia)

Channeling Gott

Frage: Was ist unser Zuhause und wo ist es?

Meine geliebte Menschenseele, das ist wohl die wichtigste Frage, die du mir stellst. Wenn du weißt, was dein zu Hause ist, dann weißt du auch, wohin du wieder zurückkehren kannst.

Ich, Gott, die Quelle, das Urlicht oder wie du mich auch nennen magst, habe dich vor Äonen von Jahren in dein Leben geschickt. Ich habe dich aus meinem Hause fortgehen lassen, so wie es alle Eltern machen, die ihre Kinder lieben. Die Kinder gehen zu lassen in ihr eigenes Leben, in ihr eigenes Sein, ist ein Akt der Liebe. Liebe lässt frei. So habe ich dich gehen lassen in deine Erfahrungen, in deine Art zu leben.

Wenn du von deinen Eltern in die Welt geschickt wirst, bist du nicht sofort frei. Du nimmst alle Erfahrungen, die du mit deinen Eltern und mit deiner Familie gemacht hast, mit. Das sind deine Prägungen. Vielleicht kannst du ein wenig anders leben, als deine Eltern es dir gezeigt haben. Vielleicht machst du genau das Gegenteil von ihnen, weil du es besser machen willst. So entfernst du dich von ihnen. Die nächste Generation verändert ihre Prägungen wieder ein wenig. So geht es weiter und weiter. Viele, sehr viele Generationen, sehr viele Zeitalter, sehr viele Religionen bist du hindurchgegangen. Kannst du dir vorstellen, dass du dich sehr weit von mir, als Urvater und Urmutter, als deine Wurzeln mit all deinen Vorstellungen und Prägungen, entfernt hast?

So ist ein verzerrtes Bild von mir entstanden, immer ein Stückchen mehr. Geliebte Seele, so hast du vergessen, wie ich dich in die Welt hinausgesandt habe. Du hast vergessen, was ich oder auch wir, Mutter- und Vater-Gott, dich gelehrt haben. Ich bin deine Wurzel, deine Heimat, dein Zuhause, aus dem du vor sehr langer Zeit in die Welt der Erfahrungen ausgezogen bist.

Ich sehe, wie ihr euch verlaufen und verloren habt in all den Dramen und Illusionen der Welt, im Außen.

So komme ich zu dir und klopfe bei dir an. Ich tue es immer wieder. Kannst du mein leises Anklopfen vernehmen?

Ich will mich dir nicht aufdrängen, so wie liebende Eltern es bei ihren Kindern auch nicht wollen. Ich warte, ich warte schon lange. Manchmal hast du mir ein wenig erlaubt, dir zu helfen, dich auf deinem Weg zu begleiten. Ich habe es nur getan, wenn du mich darum gebeten hast. Ich habe dir erlaubt, deine eigenen Erfahrungen zu machen und wollte dir nicht immer wieder als Klugscheißer dreinreden.
Du weißt es selber: Wenn du Kinder hast und siehst, wie sie vom Wege abkommen, sich verlieren und leiden, wie gerne du helfen möchtest, wie sehr es schmerzt, nicht helfen zu können. So ging und geht es auch mir.

Na, aber wenn die Not groß genug ist, dann ist es meistens soweit, dass du dir helfen lässt, dass du mich dann im Gebet rufst. Es braucht nicht zum Äußersten zu kommen. Du kannst mich auch vorher rufen und bitten. Du kannst es immer.

Ich sagte euch doch bereits: Wer bittet, dem wird gegeben und wer anklopft, dem wird die Türe aufgetan. Meine Türe steht für euch immer offen, egal, was ihr auch getan und wie ihr gelebt habt. Ihr seid doch meine Kinder! Ich liebe euch immer, bedingungslos. Das ist euer Zuhause!

Euer Heim, euer Zuhause ist Gott und die Göttin, die unendliche Liebe. Sie wohnt in euren Herzen. Sie hat sich oft sehr verbarrikadiert, hat aus Schutz viele Mauern um sich gebaut, weil sie oft verletzt wurde. Aus Angst, immer wieder verletzt zu werden, habt ihr diese Mauern aufgebaut. Diese Mauern haben nur eure Liebe geschützt. Sie hatten also ihren Sinn. Der Weg nach Hause führt zurück durch all die verdrängten Empfindungen und Gefühle, durch all die Verletzungen. Du kannst sie jetzt liebevoll halten, fühlen und umarmen, mit all deiner Liebe, die ich dir mitgegeben habe. Du kannst dich erinnern. Du kannst mit deinem Höheren Selbst Kontakt aufnehmen, mit mir, der Gottesliebe in dir!

Ich erinnere dich an mich: Ich bin die Liebe, die alle Mauern niederreißt, auch die allerdicksten.

Ich klopfe jetzt bei dir an und erinnere dich, damit du dich wieder daran erinnerst, dass du aus der Liebe gekommen bist und dass du dorthin wieder zurückkehren kannst. Denn sie ist dein zu Hause, deine Heimat.

Ich helfe dir, klopfe nur an, trau dich. Ich bin Liebe und du bist Liebe. Es wird Zeit, dass du nach Hause kommst.

Jetzt!

Ich warte auf dich!

Wenn du zu Hause angekommen bist, wirst du erkennen, dass ich dich immer geliebt habe, dass du immer geliebt warst und bist. Du wirst erkennen, wie wundervoll du bist. Wenn du dich erkennst, erkennst du deine Schaffenskraft, die aus der Liebe entspringt. Geliebtes Wesen, genau deine Fähigkeit, dein Einmalig-Sein wird gebraucht: Genau dort, wo du gerade bist. Du bist wichtig, du bist willkommen. Wenn du aus deinem Schlaf erwachst und erkennst, was dein Zuhause ist, wirst du ständig deine Liebe in deine Umgebung ausstrahlen. Überall, wo du auch hingehst, wirst du alle, die dein Energiefeld erreicht, daran erinnern, wo auch ihr Zuhause ist. Nämlich in ihnen, in ihren Herzen, in ihrer Liebe, die alles miteinschließt. Ich meine dich und jeden von euch.

(Gott, die Quelle allen Seins)

Übung: Beispiel-Channeling beim Auftauchen von spontanen Schwierigkeiten, ausgelöst durch die christlichen Liedertexte »Ein feste Burg ist unser Gott« und »Lobe den Herren, den mächtigen König der Ehren«

Während der Channeling-Abschlussfeier 2015 ließ ich den Teilnehmern die oben genannten Lieder vorspielen. Von einer Teilnehmerin gab es ganz heftigen Protest. Sie könne diese Lieder nicht mehr hören. Aus diesem Grund channelten wir alle dazu. Da Erzengel Anael anwesend war, baten wir ihn um eine Erklärung des Widerstands gegen diese Lieder.

Ich stehe hier mit meiner brennenden Flamme und helfe euch, die alten, konditionierten Vorstellungen von Macht zu erlösen.

Denn es geht euch hierbei um eure Macht, die ihr nicht nutzt, wobei ihr sie als Schöpfergott dringend benötigt.

Erkennt, dass die Lieder noch von einer externen Macht sprechen. Denn ihr habt bisher gemeint, Gott sei außerhalb von euch. Das hat euch entmachtet. Ihr habt das kollektive Spiel lange gespielt. Jetzt gilt es zu erkennen, dass diese Texte neu zu verstehen sind. Unser Gott und der Herr, das seid ihr selbst! Das heißt: Selbstermächtigung! Wenn ihr diese Lieder mit der alten Energie singt, also mit der Vorstellung von einem Gott, der über euch wacht und richtet, dann rutscht ihr wieder ins Opferbewusstsein. So rufe ich euch zu:

Erkennt, dass ihr selber der Herr seid!

Erkennt, dass ihr mächtig seid, alles in Liebe zu betrachten. Auch das alte Kirchenspiel von Macht und Ohnmacht. Jetzt ist die Zeit, aus dem alten Kollektivdenken auszusteigen. Ihr seid die Verkünder der neuen Zeit, der neuen Götter auf Erden, die alle für sich selbst verantwortlich sind, weil sie alle ein höheres Bewusstsein haben und wissen, wie sie ihre Macht in Liebe gebrauchen können. Erkennt, dass die neuen Götter noch in den Kinderschuhen sind und deshalb noch üben und lernen, so wie ihr es aus der Schule kennt. Wie ihr wisst, dauert das eine gewisse Zeit, bis ihr die Grundschule, die Hauptschule und schließlich, für die Eifrigen, das Gymnasium bestanden habt.

(Channeling Erzengel Anael)

Nachdem wir diesen Text gehört hatten, sangen wir alle mit Freude: »Lobe (Name), die mächtige Königin der Ehren« und setzten für »den Herren« die weiteren Namen der Teilnehmer ein.

Erzengel Michael spricht zur aktuellen Lage in Deutschland

Obwohl ich dieses Channeling bereits 2017 abgeholt habe, ist es jetzt auch sehr passend. Hier können wir sehen, wie zeitlos die Informationen sind.

Mein Liebes, du spürst die Angst in deinem Bauch. Es ist die Angst des Volkes, die du spürst. Sie ist kein guter Begleiter. Angst verschließt die Herzen und macht Menschen zu Marionetten, die einfach nur reagieren.

Dies ist noch die alte Energie, die ihr kennt, die durch eure Zellen fließt.

Lasst euch von dieser Angst nicht anstecken, ihr, denen es bewusst ist, dass ihr selber Schöpfer seid. Jetzt ist es wichtig, euch selber in eurer eigenen Energie zu halten, zu erkennen, was eures ist und welches die Energie des Kollektivs ist.

Seid Liebe! Strahlt Liebe aus! Tragt die Liebe in die Welt, überall, wo ihr seid, damit andere von euch angesteckt werden können. Streut Samen der Liebe und des Vertrauens aus.

Es liegt an euch, ob die vorhergesehenen Katastrophen über Deutschland hereinbrechen oder ob sie noch verhindert werden können.

Einiges wird geschehen, was geschehen muss. Doch es kann vieles sehr abgemildert werden.

Es liegt viel an dem freien Willen der Menschen und auch an dem kollektiven Bewusstsein, das momentan noch schwer über Deutschland hängt. Es ist eine dicke Dunstglocke aus Schuld, Angst, Schwermut und Hoffnungslosigkeit.

Die Angst geht um die Ecken und diese vermag vieles zu zerstören: private Beziehungen sowie große Firmen und Institutionen. Sie vermag Krieg und Hass hervorzubringen.

Ich mag euch nur empfehlen, euch zusammenzuschließen und gemeinsam einen Lichtkegel der Liebe zu erschaffen, den ihr in euch selber erzeugen könnt. Wir haben dir einst ein Gebet gegeben, das für diese Zwecke angebracht ist.

Ihr könnt, jeder an seinem Ort sitzend, diesen Lichtkegel erschaffen und ihn ausweiten. Je mehr Menschen dies tun, desto mehr hebt ihr die Schwingung in eurem Gebiet. So breitet ihr immer mehr Liebe aus, sodass die Angst weniger wird und ihre Macht verliert. So könnt ihr eure Zukunft friedlicher gestalten.

Ich bin bei euch und schütze euch, ich bin Erzengel Michael.

(Erzengel Michael, 29.01.2017)

Hier ist das oben erwähnte Gebet, das ich am 26.12.2008 von Jesus Christus erhalten habe:

Ich trete nun meinen Heimweg an,
meinen ureigenen Heimweg zu mir, nur zu mir.
Ganz und gar zu mir nach Hause zu kommen,
endlich ankommen, heimkommen, ganz bei mir,
in meinem Herzen, in meiner Seele.

Und so bitte ich dich, göttliche Quelle,
durchflute mich mit deinem Licht, mit deiner Liebe.
Ich bin bereit, alles in mich aufzunehmen und anzunehmen,
diese Liebe in meinem Herzen zu bewegen
und sie wieder aus meinem Herzen
in die ganze Welt hinausströmen zu lassen
auf alle und alles, was der Liebe bedarf.

Ich vertraue der göttlichen Quelle,
dass diese Liebe dorthin fließt,
wo sie am meisten gebraucht wird.
Zu den Menschen und Tieren,
die in Angst erstarrt und erfroren sind.
Zu den großen Wunden unserer geliebten Mutter Erde,
und zu allen, die guten Willens sind.

So öffne ich mein Herz,
um die unendliche Liebe in mich einzuatmen,
in meinem Herzen zu bewegen
und sie mit dem Ausatmen wieder an die Welt abzugeben,
diese Liebe fließen zu lassen in dem Vertrauen,
dass sie dort hingeführt wird,
wo sie am meisten gebraucht wird.

So sei es, so wie es Gottes Wille ist.
Amen

(Jesus Christus)

Es wird empfohlen, dieses Gebet in eine Meditation einzubinden, die gemeinsam an verschiedenen Orten gestartet wird, sich in eine Liebesschwingung zu hüllen, diese auszuweiten und sich vorzustellen, dass sie überall hinfließt, wo sie gebraucht wird.

Ihr habt es in eurer Macht, ihr lieben Lichtarbeiter.

Ich empfehle als gemeinsame Zeit: Donnerstag 21.00 bis 21.30 Uhr. Es wird um diese Zeit an vielen Orten der Erde gebetet.

Ihr könnt euer Ritual und Gebet auch vorher schon abhalten, wenn ihr am Donnerstag keine Zeit dazu habt. Es lässt sich mittels eures Bewusstseins genau in diese Zeitspanne schicken! Energetisch geht ja alles!

Wenn euch auffällt, dass irgendwo mehr Liebesenergie benötigt wird, dann sendet sie direkt dorthin, zu euren Liebsten, genauso wie zu euren Feinden, zu den Orten, wo große Entscheidungen getroffen werden und überall dorthin, wo es Schwierigkeiten gibt.

So erhöht ihr die Schwingung an diesen Orten und natürlich auch besonders dort, wo ihr selbst gerade seid.

Erinnert euch: Ihr seid Liebe. Euer Herz ist euer zu Hause.

Schlusswort

Vor langer, langer Zeit, als ich euch hinausgesandt habe in euer eigenes Leben, in eure eigenen Erfahrungen, da habt ihr noch gewusst, dass ihr aus einem Fleische seid, dass ihr alle aus dem Einen erschaffen seid. Alle nach dem Ebenbild Gottes.

So ist auch in euch allen alles enthalten. Ich habe in jedem von euch einen Teilaspekt von mir besonders hervorgehoben, so, wie ich meine speziellen Eigenschaften auf die vielen Engel aufgeteilt habe.

So ist jeder von euch anders und etwas Besonderes. Jeder hat eine andere Gabe von mir erhalten. Keine ist besser oder schlechter. Ihr könnt sie ergänzen, wenn ihr erkennt, dass ihr euch gegenseitig helfen und unterstützen könnt. Wenn jeder seine Gabe dem großen Ganzen zur Verfügung stellt, werde ich in allen Erscheinungsformen durch euch lebendig. Wisset, dass jeder von euch wichtig ist. Wenn auch nur einer fehlt, fehlt ein Stückchen von meiner Vielfalt, die ich bin.

Die Zeit ist reif, dass ihr erkennt, dass ihr miteinander die große Gott-Einheit seid. Ihr habt euch lange genug verlaufen, in all den Wirren der Zeit. Nun rufe ich euch zu: Erkennt, dass ihr alle zusammengehört. Erkennt, dass ihr alle ein liebendes Herz in euch tragt. Eins, das sich jetzt befreien darf von allen Irrtümern. Dazu ist es nötig, ehrlich und wahrhaftig miteinander zu kommunizieren. Ganz besonders ist es wichtig euch mitzuteilen, wann noch schmerzvolle Gefühle getriggert werden. Sie sind meistens sehr alt und wollen nur gesehen, gehalten und geliebt werden. So lade ich euch ein, einander liebevoll und authentisch zu begegnen.

Ich bin Liebe und verschenke Liebe an alle und alles, was ist. So bist auch du Liebe, mache es genauso wie ich: Verschenke sie großzügig an alle und alles. Wisse, je mehr Liebe du verschenkst, umso mehr Liebe kehrt in dein eigenes Herz zurück.

Ein Herz, das vor Liebe überfließt, kennt keinen Mangel, es kann die Liebe fließen lassen in dem Wissen, dass immer genug Liebe nachfließen wird.

Vertraue, dass immer genug für dich da ist.

(Gott, die Quelle allen Seins)

Quellennachweise:

Mit Engeln beten, Silvia Wallimann 2000
Der Lichtkörper-Prozess, Reindjen Anselmi, 2013
Hermann Hesse, die Gedichte, Welkes Blatt, Suhrkampverlag 1998
https://gutezitate.com/zitat/102158 Zitat von Albert Einstein
Die Gegenwart der Liebe, Aurum in J. Kamphausen Bielefeld 2006